★ 新时代新父母教育丛书 ★

学法赢未来：

《中华人民共和国家庭教育促进法》
家长手册

顾　　问　周洪宇

名誉主编　郑晓边

主　　编　党波涛

副 主 编　谢春林

编　　委　周洪宇　董泽芳　郑晓边　雷万鹏　卫金磊　党波涛
　　　　　肖登辉　谢春林　郑志雄　夏　燕　周城兵

武汉大学出版社

图书在版编目(CIP)数据

学法赢未来:《中华人民共和国家庭教育促进法》家长手册/党波涛
主编.—武汉:武汉大学出版社,2022.4(2022.5重印)
新时代新父母教育丛书
ISBN 978-7-307-22998-3

Ⅰ.学… Ⅱ.党… Ⅲ.家庭教育促进法—中国—手册 Ⅳ.D922.16-62

中国版本图书馆 CIP 数据核字(2022)第 054101 号

责任编辑:郭 静 责任校对:汪欣怡 版式设计:马 佳

出版发行:**武汉大学出版社** (430072 武昌 珞珈山)
(电子邮箱:cbs22@whu.edu.cn 网址:www.wdp.com.cn)
印刷:武汉中科兴业印务有限公司
开本:720×1000 1/16 印张:14.75 字数:332 千字 插页:1
版次:2022 年 4 月第 1 版 2022 年 5 月第 2 次印刷
ISBN 978-7-307-22998-3 定价:46.00 元

序 言 *Preface*

　　家庭是社会的细胞，中国社会自古而今，一直重视家庭教育，历代先贤积攒自己家庭教育的经验，形成文字，是为"家训"。

　　中国历史中最早的、正规的、有文字记载的家训是西周的《姬旦家训》，由于作者周公特殊的政治身份，《姬旦家训》既是家训，又有从国家层面训导民众的意义。及至春秋时期，家庭教育地位提高，家训纷呈迭现，孔子的《庭训》、孟母的《母训》、敬姜的《论劳逸》、曾子杀彘的故事等广为流传，至今传颂不息。秦汉时期，大量家训问世，刘邦的《手敕太子》、孔臧的《诫子书》、司马谈的《遗训》、刘向的《诫子歆书》与《胎教》、张奂的《戒兄子书》、郑玄的《戒子益恩书》、蔡邕的《女训》等，极大地丰富了中国古代家训的内容。魏晋南北朝时期，有曹操的《诸儿令》、刘备的《遗诏敕后主》、诸葛亮的《诫子书》、颜之推的《颜氏家训》、嵇康的《家诫》等。这些家训继汉开唐，观念新颖，其中首推《颜氏家训》，它把中国古代家训的发展推向高峰，是一部承前启后、继往开来的代表作。

Preface

　　唐宋时期，有李世民的《帝范》、宋若莘的《女论语》、柳玭的《柳氏家训》、范仲淹的《告诸子及弟侄》、欧阳修的《家诫二则》、司马光的《训子孙文》等。这些家训言辞恳切，语重心长，警句纷呈。明清时期，有朱瞻基的《寄从子希哲》、周怡的《勉谕儿辈》、孙奇逢的《孝友堂家训》、王夫之的《示子侄》、康熙与雍正的《圣谕广训》、朱柏庐的《朱子家训》、曾国藩的《曾文正公家训》等，均颇具特色和影响力。其中尤以《朱子家训》和《曾文正公家训》影响巨大，成为许多家庭端正门风、振烁家声的家训范例。

　　这些家训和文人士大夫阶层秉承的"修身齐家治国平天下"中"齐家"的人生信条一起，抬升了家庭教育在社会中的地位。但有两点值得注意：其一，虽然这些家训的作者不乏帝王将相，但没有一个朝代将这些训诫上升到国家的法律层面；其二，"天下之本在国，国之本在家，家之本在身"（《孟子·离娄章句上·第五节》），历朝历代的"家国一体""家国同构"的国家政治观孕育出"忠孝一体"的社会价值观。二者均强调"君君臣臣""父父子子"，强调子女的"忠君卫国""昏定晨省"的行为方式和"尽忠尽孝"的道德观念，强调子女的责任和义务，但却是以"君""父"为主体、为本位，淡化了或忽视了子女在家庭教育中的能动作用。

而在中国特色社会主义新时代，《中华人民共和国家庭教育促进法》（以下简称《家庭教育促进法》）的出台并正式实施终于使国家对家庭教育的重视上升到了法律层面。此外，党中央提出的"中国梦"是国家富强、民族振兴和人民幸福的统一，从而赋予"家国一体"思想以鲜明的时代内涵。从习总书记最初提出的"重视家庭建设，注重家庭、注重家教、注重家风"到后来强调的"帮助孩子扣好人生的第一粒扣子，迈好人生的第一个台阶"，从全国人大代表和全国妇联联名加快立法议案的提交到《中华人民共和国家庭教育法（草案）》的三次审定，再到 2022 年 1 月 1 日《家庭教育促进法》的正式实施，我们在这个过程和相关内容中看到，新时代的家庭教育强调父母或者其他监护人的责任和义务，是以孩子为本位，以未成年人为本位的，它与宗法专制时代的传统家庭教育有着本质的不同。

《家庭教育促进法》全文五千八百余字，"未成年人"一词一共出现了六十五次之多，"未成年人"（子女）在家庭教育中的主体地位相对于中国历朝历代的家训得到了空前的凸显和提高。《家庭教育促进法》明确家庭教育的目的是促进未成年人全面健康成长，要尊重未成年人身心发展规律和个体差异，尊重未成年人人格尊严，保护未成年人隐私权和个人信息，保障未成年人合法权益，关注未成年人的生理、心理、智力发展状况，尊重未成年人参与相关家庭事务和发表意见的权利，减轻未成年人的学习负担，关爱留守未成年人和困境未成年人。从这个意义上讲，《家庭教育促进法》的出台，不仅是对数千年文明古国重视家庭教育优良传统的赓续，更是对我国历朝历代家庭教育观念的革新。

　　《家庭教育促进法》出台了，家庭教育的春天来了！未成年人的春天来了！而就在《家庭教育促进法》还在审定、酝酿之际，华中师范大学北京研究院设立了华大新父母教育研究院，关注、研究、推广新时期科学的家庭教育理念和方法，取得显著成效。华大新父母教育研究院的专家利用"新父母在线"视频号面向全国家长推出了 50 多期直播公益课，赢得了广大家长的一致好评，在线学习人数累计超过 600 万，点赞数累计 3000 多万。在此基础上，借着《家庭教育促进法》正式实施的东风，华中师范大学北京研究院和华大新父母教育研究院联合了一批长期致力于家庭教育研究的专家学者，共同撰写了《学法赢未来：〈中华人民共和国家庭教育促进法〉家长手册》（以下简称《手册》）。

　　我是这个《手册》的作者之一，也是本书的顾问。作为一名教育研究工作者和中国教育学会副会长，我一直关注家庭教育并通过学术研究和政策建言，积极推动家庭教育的研究与发展。作为全国人大常委会委员和人大代表，我参与了《家庭教育法》的立法提议、内容修改和审议通过的整个过程，见证了《家庭教育促进法》的孕育和诞生。本着"博学之、审问之，慎思之，明辨之，笃行之"的态度，我对中华人民共和国第一部关乎家庭教育的法律提出了个人的观点。我特别提到在《家庭教育促进法》文本中，学校指导的作用还不够突出，还有待强化，我们相信这些观点将有助于这部法律的有力实施和修改完善。

　　本书的另一位作者，华中师大法学院副院长肖登辉博士是法学专家。他从法理的角度阐释了《家庭教育促进法》里家长的法律责任，虽然内容的专业性和学术性较强，但肖博士尽量使用了通俗语言，列举了典型的案例，这使得他撰写的文章易于为家长读者读懂、乐读、对照反思。《家庭教育促进法》既然是法律，就一定带有强制性，国家执法必严，家长在家庭教育中违法必究，未成年人的父母或者其他监护人必须"依法带娃"，倘若违反相关法律规定，就必须承担相应的法律责任。《家庭教育促进法》条文规定了对违法家长的惩戒，虽然不同于西方国家的同类法律规定（违法家长会被剥夺孩子的监护权或被送进监狱，孩子会被送到福利院收养），但可以根据情况对违法父母或者其他监护人予以训诫，并可以责令其接受家庭教育指导。法院可以依法对其发出《家庭教育令》，如家长违反了《家庭教育令》的裁定，法院将视情节轻重，予以训诫、罚款、拘留；构成犯罪的，依法追究刑事责任。

本书的另外两位作者郑晓边教授和党波涛副教授，一直热衷于家庭教育的研究和推广工作。两位也是"新父母在线"视频号面向全国家长推出直播公益课的主讲教师，他们的公益课在前期已经对《家庭教育促进法》做了一定程度的普及，为本书打下了坚实的群众基础。他们对直播公益课的内容进行重新梳理，纲举目张，厘定重点，条理成文。我们相信观看过直播公益课的家长一定会有兴趣成为本书的读者，而没有观摩过直播公益课的家长朋友读到本书之后，一定会有兴趣成为直播公益课的观众。系列网课所传播的家庭教育三大核心理念是："**1. 好妈妈胜过好老师，好爸爸胜过好校长，好家庭胜过好学校；2. 最好的老师是父母，最好的学校是家庭，最好的学区房是自家的书房；3. 每天亲子互动三个'半小时'，家长孩子更优秀：亲子共读'半小时'，亲子运动'半小时'，亲子交流'半小时'"**在本书中得以再次强化和诠释。我们相信那些行将成为家长的读者朋友看到后会有所收获和有所启发，而已经成为家长的读者朋友看到后可能会相见恨晚或引以为训。

本书"家长经验"部分的两篇文章的作者都曾是华中师大一附中的优秀家长，他们的孩子正在大学就读。他们的孩子就读于华师一附中时，《家庭教育促进法》还未出台。2022年1月，当谢春林老师和郑志雄老师读到《家庭教育促进法》中的"合理运用以下方式方法：（一）亲自养育，加强亲子陪伴；（二）共同参与，发挥父母双方的作用；（三）相机而教，寓教于日常生活之中；（四）潜移默化，言传与身教相结合；（五）严慈相济，关心爱护与严格要求并重；（六）尊重差异，根据年龄和个性特点进行科学引导；（七）平等交流，予以尊重、理解和鼓励；（八）相互促进，父母与子女共同成长"这些文字时，他们发现这些方式方法和自己的家庭教育理念、自己的孩子读中学时所采用的家庭教育方法竟然大体一致，不谋而合。于是他们有感而发，撰写了《华师一附中家长眼中的〈家庭教育促进法〉》一文，以飨各位读者。夏燕老师的孩子"小朱童鞋"现在北京大学就读，普通读者可能以为：吃得苦中苦，方为人上人，能够考取北大的学生一定是悬梁刺股、

Preface

历经十数载寒窗"苦"读。而事实上，"小朱童鞋"一直是幸福的，因为他的家长手握关乎家庭教育的十个"幸福锦囊"，每个"锦囊"中藏有家庭教育的"幸福妙计"。能够读到本书的家长朋友是有福的，因为夏燕老师能够把她的"幸福锦囊"与诸位共享，当您分享这些"幸福锦囊"之时，别忘了在心底向夏老师道一声"谢谢"，也别忘了向本书的编者道一声"谢谢"！

是为序。

周洪宇

2022 年 2 月 24 日

目 录 *Contents*

第一部分
《中华人民共和国家庭教育促进法》全文

《中华人民共和国家庭教育促进法》全文

(2021 年 10 月 23 日第十三届全国人民代表大会常务委员会第三十一次会议通过，2022 年 1 月 1 日起正式施行)

目　　录

第一章　总　　则

第一条　为了发扬中华民族重视家庭教育的优良传统，引导全社会注重家庭、家教、家风，增进家庭幸福与社会和谐，培养德智体美劳全面发展的社会主义建设者和接班人，制定本法。

第二条 本法所称家庭教育，是指父母或者其他监护人为促进未成年人全面健康成长，对其实施的道德品质、身体素质、生活技能、文化修养、行为习惯等方面的培育、引导和影响。

第三条 家庭教育以立德树人为根本任务，培育和践行社会主义核心价值观，弘扬中华民族优秀传统文化、革命文化、社会主义先进文化，促进未成年人健康成长。

第四条 未成年人的父母或者其他监护人负责实施家庭教育。

国家和社会为家庭教育提供指导、支持和服务。

国家工作人员应当带头树立良好家风，履行家庭教育责任。

第五条 家庭教育应当符合以下要求：

（一）尊重未成年人身心发展规律和个体差异；

（二）尊重未成年人人格尊严，保护未成年人隐私权和个人信息，保障未成年人合法权益；

（三）遵循家庭教育特点，贯彻科学的家庭教育理念和方法；

（四）家庭教育、学校教育、社会教育紧密结合、协调一致；

（五）结合实际情况采取灵活多样的措施。

第六条 各级人民政府指导家庭教育工作，建立健全家庭学校社会协同育人机制。县级以上人民政府负责妇女儿童工作的机构，组织、协调、指导、督促有关部门做好家庭教育工作。

教育行政部门、妇女联合会统筹协调社会资源，协同推进覆盖城乡的家庭教育指导服务体系建设，并按照职责分工承担家庭教育工作的日常事务。

县级以上精神文明建设部门和县级以上人民政府公安、民政、司法行政、人力资源和社会保障、文化和旅游、卫生健康、市场监督管理、广播电视、体育、新闻出版、网信等有关部门在各自的职责范围内做好家庭教育工作。

第七条 县级以上人民政府应当制定家庭教育工作专项规划，将家庭教育指导服务纳入城乡公共服务体系和政府购买服务目录，将相关经费列入财政预算，鼓励和支持以政府购买服务的方式提供家庭教育指导。

第八条　人民法院、人民检察院发挥职能作用，配合同级人民政府及其有关部门建立家庭教育工作联动机制，共同做好家庭教育工作。

第九条　工会、共产主义青年团、残疾人联合会、科学技术协会、关心下一代工作委员会以及居民委员会、村民委员会等应当结合自身工作，积极开展家庭教育工作，为家庭教育提供社会支持。

第十条　国家鼓励和支持企业事业单位、社会组织及个人依法开展公益性家庭教育服务活动。

第十一条　国家鼓励开展家庭教育研究，鼓励高等学校开设家庭教育专业课程，支持师范院校和有条件的高等学校加强家庭教育学科建设，培养家庭教育服务专业人才，开展家庭教育服务人员培训。

第十二条　国家鼓励和支持自然人、法人和非法人组织为家庭教育事业进行捐赠或者提供志愿服务，对符合条件的，依法给予税收优惠。

国家对在家庭教育工作中做出突出贡献的组织和个人，按照有关规定给予表彰、奖励。

第十三条　每年5月15日国际家庭日所在周为全国家庭教育宣传周。

第二章　家庭责任

第十四条　父母或者其他监护人应当树立家庭是第一个课堂、家长是第一任老师的责任意识，承担对未成年人实施家庭教育的主体责任，用正确思想、方法和行为教育未成年人养成良好思想、品行和习惯。

共同生活的具有完全民事行为能力的其他家庭成员应当协助和配合未成年人的父母或者其他监护人实施家庭教育。

第十五条　未成年人的父母或者其他监护人及其他家庭成员应当注重家庭建设，培育积极健康的家庭文化，树立和传承优良家风，弘扬中华民族家庭美德，共同构建文明、和睦的家庭关系，为未成年人健康成长营造良好的家庭环境。

第十六条 未成年人的父母或者其他监护人应当针对不同年龄段未成年人的身心发展特点,以下列内容为指引,开展家庭教育:

(一)教育未成年人爱党、爱国、爱人民、爱集体、爱社会主义,树立维护国家统一的观念,铸牢中华民族共同体意识,培养家国情怀;

(二)教育未成年人崇德向善、尊老爱幼、热爱家庭、勤俭节约、团结互助、诚信友爱、遵纪守法,培养其良好社会公德、家庭美德、个人品德意识和法治意识;

(三)帮助未成年人树立正确的成才观,引导其培养广泛兴趣爱好、健康审美追求和良好学习习惯,增强科学探索精神、创新意识和能力;

(四)保证未成年人营养均衡、科学运动、睡眠充足、身心愉悦,引导其养成良好生活习惯和行为习惯,促进其身心健康发展;

(五)关注未成年人心理健康,教导其珍爱生命,对其进行交通出行、健康上网和防欺凌、防溺水、防诈骗、防拐卖、防性侵等方面的安全知识教育,帮助其掌握安全知识和技能,增强其自我保护的意识和能力;

(六)帮助未成年人树立正确的劳动观念,参加力所能及的劳动,提高生活自理能力和独立生活能力,养成吃苦耐劳的优秀品格和热爱劳动的良好习惯。

第十七条 未成年人的父母或者其他监护人实施家庭教育,应当关注未成年人的生理、心理、智力发展状况,尊重其参与相关家庭事务和发表意见的权利,合理运用以下方式方法:

(一)亲自养育,加强亲子陪伴;

(二)共同参与,发挥父母双方的作用;

(三)相机而教,寓教于日常生活之中;

(四)潜移默化,言传与身教相结合;

(五)严慈相济,关心爱护与严格要求并重;

(六)尊重差异,根据年龄和个性特点进行科学引导;

(七)平等交流,予以尊重、理解和鼓励;

（八）相互促进，父母与子女共同成长；

（九）其他有益于未成年人全面发展、健康成长的方式方法。

第十八条 未成年人的父母或者其他监护人应当树立正确的家庭教育理念，自觉学习家庭教育知识，在孕期和未成年人进入婴幼儿照护服务机构、幼儿园、中小学校等重要时段进行有针对性的学习，掌握科学的家庭教育方法，提高家庭教育的能力。

第十九条 未成年人的父母或者其他监护人应当与中小学校、幼儿园、婴幼儿照护服务机构、社区密切配合，积极参加其提供的公益性家庭教育指导和实践活动，共同促进未成年人健康成长。

第二十条 未成年人的父母分居或者离异的，应当相互配合履行家庭教育责任，任何一方不得拒绝或者怠于履行；除法律另有规定外，不得阻碍另一方实施家庭教育。

第二十一条 未成年人的父母或者其他监护人依法委托他人代为照护未成年人的，应当与被委托人、未成年人保持联系，定期了解未成年人学习、生活情况和心理状况，与被委托人共同履行家庭教育责任。

第二十二条 未成年人的父母或者其他监护人应当合理安排未成年人学习、休息、娱乐和体育锻炼的时间，避免加重未成年人学习负担，预防未成年人沉迷网络。

第二十三条 未成年人的父母或者其他监护人不得因性别、身体状况、智力等歧视未成年人，不得实施家庭暴力，不得胁迫、引诱、教唆、纵容、利用未成年人从事违反法律法规和社会公德的活动。

第三章　国家支持

第二十四条 国务院应当组织有关部门制定、修订并及时颁布全国家庭教育指导大纲。

省级人民政府或者有条件的设区的市级人民政府应当组织有关部门编

写或者采用适合当地实际的家庭教育指导读本，制定相应的家庭教育指导服务工作规范和评估规范。

第二十五条 省级以上人民政府应当组织有关部门统筹建设家庭教育信息化共享服务平台，开设公益性网上家长学校和网络课程，开通服务热线，提供线上家庭教育指导服务。

第二十六条 县级以上地方人民政府应当加强监督管理，减轻义务教育阶段学生作业负担和校外培训负担，畅通学校家庭沟通渠道，推进学校教育和家庭教育相互配合。

第二十七条 县级以上地方人民政府及有关部门组织建立家庭教育指导服务专业队伍，加强对专业人员的培养，鼓励社会工作者、志愿者参与家庭教育指导服务工作。

第二十八条 县级以上地方人民政府可以结合当地实际情况和需要，通过多种途径和方式确定家庭教育指导机构。

家庭教育指导机构对辖区内社区家长学校、学校家长学校及其他家庭教育指导服务站点进行指导，同时开展家庭教育研究、服务人员队伍建设和培训、公共服务产品研发。

第二十九条 家庭教育指导机构应当及时向有需求的家庭提供服务。

对于父母或者其他监护人履行家庭教育责任存在一定困难的家庭，家庭教育指导机构应当根据具体情况，与相关部门协作配合，提供有针对性的服务。

第三十条 设区的市、县、乡级人民政府应当结合当地实际采取措施，对留守未成年人和困境未成年人家庭建档立卡，提供生活帮扶、创业就业支持等关爱服务，为留守未成年人和困境未成年人的父母或者其他监护人实施家庭教育创造条件。

教育行政部门、妇女联合会应当采取有针对性的措施，为留守未成年人和困境未成年人的父母或者其他监护人实施家庭教育提供服务，引导其积极关注未成年人身心健康状况、加强亲情关爱。

第三十一条 家庭教育指导机构开展家庭教育指导服务活动，不得组织或者变相组织营利性教育培训。

第三十二条 婚姻登记机构和收养登记机构应当通过现场咨询辅导、播放宣传教育片等形式，向办理婚姻登记、收养登记的当事人宣传家庭教育知识，提供家庭教育指导。

第三十三条 儿童福利机构、未成年人救助保护机构应当对本机构安排的寄养家庭、接受救助保护的未成年人的父母或者其他监护人提供家庭教育指导。

第三十四条 人民法院在审理离婚案件时，应当对有未成年子女的夫妻双方提供家庭教育指导。

第三十五条 妇女联合会发挥妇女在弘扬中华民族家庭美德、树立良好家风等方面的独特作用，宣传普及家庭教育知识，通过家庭教育指导机构、社区家长学校、文明家庭建设等多种渠道组织开展家庭教育实践活动，提供家庭教育指导服务。

第三十六条 自然人、法人和非法人组织可以依法设立非营利性家庭教育服务机构。

县级以上地方人民政府及有关部门可以采取政府补贴、奖励激励、购买服务等扶持措施，培育家庭教育服务机构。

教育、民政、卫生健康、市场监督管理等有关部门应当在各自职责范围内，依法对家庭教育服务机构及从业人员进行指导和监督。

第三十七条 国家机关、企业事业单位、群团组织、社会组织应当将家风建设纳入单位文化建设，支持职工参加相关的家庭教育服务活动。

文明城市、文明村镇、文明单位、文明社区、文明校园和文明家庭等创建活动，应当将家庭教育情况作为重要内容。

第四章 社会协同

第三十八条 居民委员会、村民委员会可以依托城乡社区公共服务设施，设立社区家长学校等家庭教育指导服务站点，配合家庭教育指导机构组织面向居民、村民的家庭教育知识宣传，为未成年人的父母或者其他监护人提供家庭教育指导服务。

第三十九条 中小学校、幼儿园应当将家庭教育指导服务纳入工作计划，作为教师业务培训的内容。

第四十条 中小学校、幼儿园可以采取建立家长学校等方式，针对不同年龄段未成年人的特点，定期组织公益性家庭教育指导服务和实践活动，并及时联系、督促未成年人的父母或者其他监护人参加。

第四十一条 中小学校、幼儿园应当根据家长的需求，邀请有关人员传授家庭教育理念、知识和方法，组织开展家庭教育指导服务和实践活动，促进家庭与学校共同教育。

第四十二条 具备条件的中小学校、幼儿园应当在教育行政部门的指导下，为家庭教育指导服务站点开展公益性家庭教育指导服务活动提供支持。

第四十三条 中小学校发现未成年学生严重违反校规校纪的，应当及时制止、管教，告知其父母或者其他监护人，并为其父母或者其他监护人提供有针对性的家庭教育指导服务；发现未成年学生有不良行为或者严重不良行为的，按照有关法律规定处理。

第四十四条 婴幼儿照护服务机构、早期教育服务机构应当为未成年人的父母或者其他监护人提供科学养育指导等家庭教育指导服务。

第四十五条 医疗保健机构在开展婚前保健、孕产期保健、儿童保健、预防接种等服务时，应当对有关成年人、未成年人的父母或者其他监护人开展科学养育知识和婴幼儿早期发展的宣传和指导。

第四十六条 图书馆、博物馆、文化馆、纪念馆、美术馆、科技馆、体育场馆、青少年宫、儿童活动中心等公共文化服务机构和爱国主义教育基地每年应当定期开展公益性家庭教育宣传、家庭教育指导服务和实践活动，开发家庭教育类公共文化服务产品。

广播、电视、报刊、互联网等新闻媒体应当宣传正确的家庭教育知

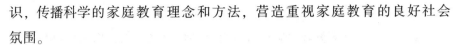

识,传播科学的家庭教育理念和方法,营造重视家庭教育的良好社会氛围。

第四十七条 家庭教育服务机构应当加强自律管理,制定家庭教育服务规范,组织从业人员培训,提高从业人员的业务素质和能力。

第五章 法律责任

第四十八条 未成年人住所地的居民委员会、村民委员会、妇女联合会,未成年人的父母或者其他监护人所在单位,以及中小学校、幼儿园等有关密切接触未成年人的单位,发现父母或者其他监护人拒绝、怠于履行家庭教育责任,或者非法阻碍其他监护人实施家庭教育的,应当予以批评教育、劝诫制止,必要时督促其接受家庭教育指导。

未成年人的父母或者其他监护人依法委托他人代为照护未成年人,有关单位发现被委托人不依法履行家庭教育责任的,适用前款规定。

第四十九条 公安机关、人民检察院、人民法院在办理案件过程中,发现未成年人存在严重不良行为或者实施犯罪行为,或者未成年人的父母或者其他监护人不正确实施家庭教育侵害未成年人合法权益的,根据情况对父母或者其他监护人予以训诫,并可以责令其接受家庭教育指导。

第五十条 负有家庭教育工作职责的政府部门、机构有下列情形之一的,由其上级机关或者主管单位责令限期改正;情节严重的,对直接负责的主管人员和其他直接责任人员依法予以处分:

(一)不履行家庭教育工作职责;

(二)截留、挤占、挪用或者虚报、冒领家庭教育工作经费;

(三)其他滥用职权、玩忽职守或者徇私舞弊的情形。

第五十一条 家庭教育指导机构、中小学校、幼儿园、婴幼儿照护服务机构、早期教育服务机构违反本法规定,不履行或者不正确履行家庭教育指导服务职责的,由主管部门责令限期改正;情节严重的,对直接负责的主管人员和其他直接责任人员依法予以处分。

第五十二条 家庭教育服务机构有下列情形之一的，由主管部门责令限期改正；拒不改正或者情节严重的，由主管部门责令停业整顿、吊销营业执照或者撤销登记：

（一）未依法办理设立手续；

（二）从事超出许可业务范围的行为或作虚假、引人误解宣传，产生不良后果；

（三）侵犯未成年人及其父母或者其他监护人合法权益。

第五十三条 未成年人的父母或者其他监护人在家庭教育过程中对未成年人实施家庭暴力的，依照《中华人民共和国未成年人保护法》、《中华人民共和国反家庭暴力法》等法律的规定追究法律责任。

第五十四条 违反本法规定，构成违反治安管理行为的，由公安机关依法予以治安管理处罚；构成犯罪的，依法追究刑事责任。

第六章　附　　则

第五十五条 本法自 2022 年 1 月 1 日起施行。

第二部分
人大代表与教育专家视角

家庭教育立法：我的见证和思考

周洪宇

　　中华民族历来重视家庭，正所谓"天下之本在家"。以习近平总书记为核心的党中央高度重视家庭、家教和家风建设。党的十八大以来，习近平总书记站在培养担当民族复兴大任时代新人的高度，就家庭教育作出一系列重要论述。2015年2月，习近平总书记在春节团拜会上指出："家庭是社会的基本细胞，是人生的第一所学校。不论时代发生多大变化，不论生活格局发生多大变化，我们都要重视家庭建设，注重家庭、注重家教、注重家风。"2016年12月，习近平总书记在会见第一届全国文明家庭代表时指出："孩子们从牙牙学语起就开始接受家教，有什么样的家教，就有什么样的人。""家庭教育涉及很多方面，但最重要的是品德教育，是如何做人的教育。""广大家庭都要重言传、重身教，教知识、育品德，身体力行、耳濡目染，帮助孩子扣好人生的第一粒扣子，迈好人生的第一个台阶。"2018年9月，习近平总书记在全国教育大会上强调："家庭是人生的第一所学校，家长是孩子的第一任老师，要给孩子讲好'人生第一课'，帮助扣好人生第一粒扣子。"

　　党的十九大指出，培育和践行社会主义核心价值观要从家庭做起、从娃娃抓起。党的十九届四中全会提出，要构建覆盖城乡的家庭教育指导服务体系，注重发挥家庭家教家风在基层社会治理中的重要作用。党的十九届五中全会提出，要加强家庭、家教、家风建设，健全学校家庭社会协同育人机制。这些都为发展家庭教育指明了正确方向、提供了基本遵循，也对加快家庭教育立法提出了要求。

随着我国经济发展和社会转型，传统的家庭结构、生活方式、功能等也随之发生变化。但是，无论时代和社会如何发展变化，家庭的社会功能不可替代，家庭教育的作用不可替代。当前，家庭教育实践中不断出现新情况、新问题，直接影响着孩子的健康成长，甚至侵害了一些孩子的权益，引发社会广泛关注。作为一名全国人大代表和教育工作者，我在十三届全国人大二次、三次会议上两次提出关于加快制定《中华人民共和国家庭教育法》的议案。本届全国人大会议以来，先后还有 300 多名全国人大代表提出相关议案，要求全国人大启动家庭教育立法、推进家庭教育工作。我们欣喜地看到，全国人大常委会认真贯彻落实党中央决策部署，充分尊重代表主体地位，积极回应社会关切，将家庭教育立法列入了 2020 年度立法工作计划，由全国人大社会建设委员会牵头起草《中华人民共和国家庭教育法(草案)》(以下简称草案)，并于 2020 年 1 月，提请十三届全国人大常委会第二十五次会议进行了初次审议。

草案初稿坚持问题导向，对家庭教育的几个核心问题作出了规定。从草案内容看，包括总则、家庭教育实施、家庭教育促进、家庭教育干预、法律责任和附则等 6 章，共 52 条。一是明确了家庭教育"是什么"的问题。草案不仅对家庭教育的概念作了界定，还对家庭教育的根本任务作了规定。二是明确了家庭教育"谁来教"的问题。草案规定了实施家庭教育的责任主体，不仅明确了家长的主体责任，还明确了有关方面的责任。三是明确了家庭教育工作"怎么推"的问题。草案明确规定各级人民政府领导家庭教育工作，并对推进家庭教育工作的体制机制、保障措施以及相关部门、司法机关、人民团体、社会组织的职责作了规定。四是明确了家庭教育"教什么"的问题。草案规定，未成年人的父母或者其他监护人应当针对不同年龄段未成年人的身心发展特点，开展家庭教育，并对具体内容作了列举。五是明确了家庭教育"怎么教"的问题。草案对未成年人的父母或者其他监护人实施家庭教育作了规定，并对具体方式方法作了列举。六是明确了家庭教育出现难题"怎么办"的问题。当家长或者其他监护人拒绝或者怠于履行家庭教育责任、实施家庭教育不当，导致未成年人行为出现偏差或者合法权益受到损害等问题时，草案也作出具体规定。

在草案一审时，我提出，在明确父母或者其他监护人责任的同时，要明确政府、学校等相关主体的责任；应当对农村地区的家庭教育给予更多的支持与投入，对于留守流动儿童、残疾儿童等家庭教育问题，应有专门的条款对其给予关照；要为家庭提供系统、专业、科学的指导和全面、充分、多元的保障，用法律手段规范家长和教育服务机构的行为，进一步提高家长素质等建议，很多委员也提出了很好的意见和建议。会后，立法工作机构将草案印发有关部门、地方和单位征求意见；在网上公布草案全文，向社会公开征求意见；还到江西、宁夏、安徽等地进行调研，听取地方政府有关部门、妇联、家庭教育机构、全国人大代表、中小学校、幼儿园以及学生和家长代表的意见。

从常委会委员审议和社会各方面提出的意见看，对草案修改的焦点问题可以集中概括为以下几个方面。一是关于法律名称。大家提出，家庭教育立法主要是为了促进家庭教育，家庭是实施家庭教育的主体，国家、社会为家庭提供支持、协助。建议将本法的名称修改为家庭教育促进法，并对各章结构作出调整。草案二审稿将本法名称修改为"中华人民共和国家庭教育促进法"，并将第二章至第四章的章名分别作了修改。二是关于立法宗旨和目的。大家提出，中华民族具有重视家庭教育的优良传统，家庭教育立法目的应当体现这一优良传统；家庭教育的任务，除了弘扬中华优秀传统文化，还应当包括弘扬革命文化和社会主义先进文化。草案二审稿对有关条款作了修改。三是关于家庭教育的概念界定。有的常委委员提出，草案中的家庭教育概念没有充分体现家庭教育的特点，建议完善。草案二审稿已经修改为："本法所称家庭教育，是指父母或者其他监护人为促进未成年人健康成长，对其实施的道德品质、知识技能、文化修养、生活习惯等方面的培育、引导和影响。"四是关于社会参与。大家认为，家庭教育工作应当充分发挥社会力量的作用。据此，草案二审稿增加了相关鼓励和支持规定。五是关于教育培训机构的规范。鉴于当前教育培训机构的乱象，对家庭教育指导服务机构和家庭教育服务机构应当有限制性的规定。为此，草案二审稿增加一条规定："家庭教育指导服务机构开展家庭教育指导服务活动，不得组织或者变相组织营利性教育培训。"同时，将公民、法人和非法人组织依法设立的家庭教育服务机构明确定性为"非营利性家庭教育服务机构"。六是关于法律责任。家庭教育的主要责任在家庭，政府特别是司法机关不宜过度干预，更不宜采取罚款、拘留等过于严厉的处罚措施。草案二审稿也作了适当修改，并删除有关规定。

8月18日，十三届全国人大常委会第三十次会议进行第二次审议。草案二审稿包括总则、家庭责任、国家支持、社会协调、法律责任和附则等6章，共50条。作为全国人大常委会委员，我在审议中提出，草案二审稿与一审稿相比有了重大突破，把习近平总书记关于家庭教育的有关重要论述以及中央重要文件的有关表述写入法律来指导家庭教育工作，同时在章节内容上都有不少的重要补充，值得充分肯定，但也有一些不足，突出反映在其框架结构上。草案二审稿的结构是6章，内在逻辑是从总则到家庭责任、到国家支持、到社会协同，然后是法律责任和附则。我认为，现有的结构框架以及章名的表述是不完整、不准确的。我们知道，家庭教育不同于学校教育和社会教育，在工作机制方面更应该强调建立健全家庭学校社会协同育人机制。现有的结构布局，没有把学校单独列为一章，而是包含在社会协同一章里面谈。然而，学校是一种专门的教育机构，不应该把它作为社会协同的一个方面来考虑，应该独立出来。正是由于学校没有独立出来，使得学校在家庭教育中的作用无形中被弱化了，这对学校在家庭教育工作中作用的发挥是不利的。据此，个人建议把学校作用部分放在"国家支持"后面，"社会协同"前面，单独作为一章。

那么，学校部分单列的话，内容应该包含什么呢？草案二审稿在第4章社会协同里面是怎么谈学校的？仅仅谈到中小学校以及幼儿园，我认为这还不够，应当增加高等学校和职业技术学院，尤其是师范院校，这些高校都应该参与进来。现在的家庭教育，我认为处在不专业化、不科学化、不规范化的阶段，与部分西方发达国家相比有一定差距。这也是国内家庭教育的短板，要弥补这个短板，就应该把大学，特别是师范大学，还有职业技术学院在家庭教育中的重要作用充分发挥出来。具体来说，应该参照和借鉴国外先进经验，在师范大学或者教育学院，甚至是综合性大学设立家庭教育系，开设家庭教育学科，把它作为一个专业来设置，培养专门从事家庭教育的人才，包括专业师资和研究人才，为社区、中小学校、幼儿园和大学培养师资，以此推动家庭教育专业化、科学化、规范化，提高家庭教育的水平和质量，做到家庭教育也要高质量发展，摆脱经验化、低水平，不专业、不科学、不规范的落后状况。现在都是家长凭个体经验培养孩子，容易盲信盲从，随波逐流，受到一些不当言论影响而无所适从。

一些发达国家、发达地区很多的大学里都开设家庭教育学科专业，而我国目前没有一所师范大学开设家庭教育专业来培养人才。现在没有高校开设专门的家庭教育专业及课程，我认为这是现在国内家庭教育之所以处在低水平阶段恶性循环的一个重要原因。没有专业，没有专门人才，怎么做到专业化、科学化、规范化？因此，我建议把学校这一部分单独拿出来作为一章谈，除了中小学、幼儿园这部分要充实以外，包括家庭教育课程的设置，中小学也要开设，同时高等教育，尤其是师范大学、职业技术学院都应该开设相应的家庭教育专业，培养专门的人才。只有这样，通过这部法律的制定实施，推动我国的家庭教育质量和水平再上新台阶。

10月23日，十三届全国人大常委会第三十一次会议进行第三次审议。草案三审稿吸收了我与其他常委会委员的一些意见，质量有了新的提高，值得充分肯定。但二审时我提出的立法框架结构不尽合理的问题仍未解决。草案三审稿的结构仍是六章，包括总则、家庭责任、国家支持、社会协调、法律责任和附则等，仍为50条。这六章中，家庭责任、国家支持、社会协同都有了，但是学校及学校指导这个重要相关因素仍未明确提及，没有列出专章来予以强调。那么，学校在家庭教育促进中有没有作用？应不应该发挥作用？如果应该也完全可以发挥作用，需不需要列出专章予以强调？毫无疑问，学校在家庭教育促进中是有作用的，也应该而且完全可以发挥作用。在现有的框架结构里，学校的指导作用被包含在社会协同一章里提及，没有单列出来，这就无法凸显学校指导作用的特殊地位和作用。所以，应该单列的还是必须单列出来。

我们都知道，学校是专门的教育机构，它在家庭教育促进中的指导作用是社会协同不可替代的。它与社会协同作用，无论是概念、性质、定位、内容、形态以及作用等都是不同的，把它放在社会协同一章里面是不合适的。不仅把学校这个概念与社会这个概念混为一谈，在概念和理论上出现歧义，而且在实践操作上也很容易产生误导作用，忽视学校在家庭教育促进中的指导作用，不利于充分发挥学校在家庭教育促进中重要而特殊的指导作用。那么，是不是学校的指导作用在现有家庭教育促进法中完全没有体现呢？也不是。在草案二审稿第四章社会协同一章里，第39、40、41、42、43条讲的都是中小学校和幼儿园的指导作用，但都是作为社会协同的内容来谈的。其实，如果用单列一章的方式来处理肯定会更好，即把第四章社会协同内容的第39条到第43条，再加上总则中的谈高等学校特别是师范院校在家庭教育促进中作用的第11条合起来，把此法中所有关于学校指导作用的条款都整合起来单列一章，放在"国家支持"之后与"社会协同"之前。如果这样调整，概念会更清楚，逻辑会更合理，操作上也会更好实施。而且，这样一个新的框架结构与中央反复强调的要"建立健全家庭、学校、社会协同育人机制"的规范提法也更加吻合，更能够高度保持一致，而不是现有混合、协同、大杂烩式的。

当然，也许有人会这样问：如果按照这样一个建议，把第四章社会协同部分内容拿出5条，那么社会协同一章是不是就没有内容，被虚化了？自然不会。因为第四章就是把涉及学校指导作用的这五条全拿走，也还有五条谈社会协同的，占全章一半的内容。换句话说，就算把学校指导作为一章单列出来，放在国家支持之后与社会协同之前，两者在内容和篇幅上也是大致相当的，没有破坏和影响彼此的结构和平衡。当然，考虑到现在已经进入三审，而三审一般来说就是要通过了，这次大会说明中也建议本次会议审议通过，那么这次审议就不宜作大幅调整，只能微调。退一步说，即使是微调，也是可以在形式上有所改进的。至少可以在第四章"社会协同"这四个字前加上"学校"或"学校指导"，成为"第四章 学校指导、社会协同"。我认为，无论如何都不要给人感觉这部《家庭教育促进法》不重视学校指导的作用。此外，在具体文字上，第二章家庭责任第16条第3部分"引导未成年人培养广泛兴趣爱好，增强科学探索精神和创新意识"，这句话很重要，但是只谈到探索精神和创新意识还是不够的，我们一般在讲这方面问题时，都是采用三位一体的思维方式，即精神、意识、能力的统一，不能少了能力。只有精神和意识，而没有能力是做不成事也做不好事的。建议把这里改为"引导未成年人培养广泛兴趣爱好，增强科学探索精神、创新意识和创新能力"，这意思就完整了。20世纪90年代以来，经合组织、联合国教科文组织、世界银行等各大国际组织，以及欧美发达国家都将创新能力与认知能力、合作能力并列为青少年学生应具有的三种核心素养，中央在《深化教育体制机制改革的意见》里，也明确提出把创新能力作为四大关键能力之一，所以创新能力不能少。建议把"创新能力"加在"创新意识"之后。

即使这次三审通过了《家庭教育促进法》，我也希望今后经过一段时间的立法执法实践，还有机会再次修订时，将上述意见建议纳入修改内容，使之更加完善，发挥更大作用。

建议制定《家庭教育法》

周洪宇

近年来，我国教育事业发展建设已经取得了巨大成就，从普及义务教育、特殊教育、职业教育，到发展远程教育、民办教育、教育国际合作与交流，以及教育理论研究、教育法制建设等方面，中国教育正在全面、高速地发展着。但是，与前面各方面均有所建树的教育成就相比，不相称地还存在着一个教育空白。随着全球科技、经济的飞速发展，它愈来愈严重地阻碍教育的发展，影响现有教育成就的实际功效，成为中国教育走向现代化的一个瓶颈。这就是中国的家庭教育。

有人说，现在什么事都可以选择，但谁做父母没法选择；做什么工作都要进行岗前培训，但是父母不需要培训就可以上岗；做任何工作不合格都可能下岗，但父母从来不担心下岗。虽然每个人都有结婚生子的权利，但是在他们享受权利之前，也有学习为人父母知识的义务。社会发展到今天，家庭教育也应面向现代化、面向世界、面向未来。如果说今天的各行各业都进入了信息时代，那么我们的家教行业还停留在比较落后的手工作坊时代。**如果说，目前的教育措施对社会的作用是锦上添花，那么推广和普及科学的家庭教育对社会来说便是雪中送炭**。因此，改革现有家庭教育局面已到了刻不容缓的地步。

近年来，习近平总书记从兴国安邦、确保党和国家事业后继有人的全局战略高度出发,多次在不同重要场合反复强调要"注重家庭、注重家教、注重家风"。这些重要论述为我们推进家庭工作指明了方向、提供了重要遵循,也对加快家庭教育立法提出了更紧迫的要求。加快家庭教育立法,既是贯彻落实习近平总书记系列讲话精神的一项重要举措,也是从源头保障家庭教育切实发挥教育和价值引领功能的一项必要行动。

家庭是孩子的第一环境,是孩子身心健康成长的摇篮,家庭对孩子的健康成长有着十分重要和不可替代的作用。良好的家庭教育是儿童健康成长、家庭和谐幸福、中华民族优秀文化传承的重要基石,是国家培养合格建设者与可靠接班人的重要途径。

家庭教育已不再是"家务事",重视家庭教育已成社会共识。据全国妇联调查数据显示,90%的被调查者认为,家庭教育对个体成长起着重要的作用,74%的人认为有必要或非常有必要通过法律来规范家庭教育服务和管理工作,78%的人认为政府应在家庭教育指导服务中发挥重要作用,64%的人认为政府应对家庭教育工作进行监管。腾讯网开展的民意调查显示,90.58%的网民认为我国缺乏亲职教育。

伴随依法治国方略的实施,我国有关家庭教育的法律政策不断制定和完善,为家庭教育在促进未成年人健康成长中发挥独特作用提供了法律依据。但是,目前我国家庭教育的立法状况与其在现代国民教育和终身教育体系中的重要地位不相适应。目前我国缺乏系统、专门的家庭教育法,有关家庭教育的法律条款散见于《教育法》《未成年人保护法》《民法总则》《婚姻法》等多部法律中。比如,《未成年人保护法》第十二条规定:"父母或者其他监护人应当学习家庭教育知识,正确履行监护职责,抚养教育未成年人。有关国家机关和社会组织应当为未成年人的父母或者其他监护人提供家庭教育指导。"除此之外,还有一些关于家庭教育的部门规范性文件。但是这些法律法规虽有提及家庭教育,仍缺乏系统性,存在主体不明确、保障力度弱、执行难度大等问题。对于父母或其他监护人如何对儿童正确开展家庭教育、政府相关部门和社会组织如何提供家庭教育指导服务支持,也缺乏进一步规范。与学校教育和社会教育的法制建设相比,家庭教育的法制建设明显滞后。

目前，国家层面尚未出台专门的家庭教育法律，一些地区已经先试出台了家庭教育方面的地方性法规。2016 年 5 月，重庆市在全国率先通过《重庆市家庭教育促进条例》。贵州、山西、江西、江苏也随后陆续出台家庭教育促进条例，河北、福建、安徽等地将家庭教育立法列入当地人大立法规划，湖北也将《湖北省家庭教育促进条例》列为 2020 年立法计划项目，拟于 9 月份一审，这些地方立法可为全国立法提供实践基础。

西方发达国家普遍把促进家庭教育健康发展当作政府的责任和义务，美国、德国等国通过制定相关法律或成立"家庭问题委员会"等形式，建立了完备的家庭教育体系，如果父母被指控对孩子"严重忽视"，则等同于虐待罪将受严惩。我国台湾地区于 2003 年 2 月 6 日颁行了《家庭教育法》，并于 2004 年 2 月 13 日公布实施了《家庭教育法施行细则》。就我国而言，由于人口众多，各地发展不均衡，制定"家庭教育法"对确立家庭教育的法律地位、提升家长素质、加强对家庭教育的指导、优化未成年人成长的家庭环境、保障未成年人全面健康地发展，显得尤为重要。

对家庭教育进行国家干预，不是要控制家庭，而是要立足于为家庭提供系统、专业、科学的指导和全面、充分、多元的保障，为家庭特别是留守儿童家庭等特殊家庭提供未成年人接受教育的必要支持，用法律手段规范家长和教育服务机构的行为，进一步提高家长素质。

随着中国社会经济的发展，家庭教育中不断出现新情况、新问题。很多家长"重知轻德"，过度娇惯、保护、放任，忽视对孩子良好个性品质和行为习惯的培养，青少年违法犯罪案件呈上升趋势，且向低龄化发展；不少家长缺乏教育子女的经验，特别是在引导孩子的心理健康上没有良好的办法；随着二孩政策放开，随着老龄化社会的到来，老人的赡养问题日益突出，除了对独生子女的家庭教育、还有留守儿童、流浪儿童、农村贫困儿童、单亲儿童、重组等特殊家庭儿童的家庭教育的忽视和严重缺失；等等。上述诸多问题，在各地都有不同程度的反映。因此，家庭教育必须引起高度重视，家庭教育的立法应该及时提上议事日程。

据悉，为落实《国家中长期教育改革和发展规划纲要（2010—2020年）》《中国儿童发展纲要（2011—2020年）》提出的家庭教育立法目标任务，从国家立法层面规范和发展家庭教育，2011年起，全国妇联与教育部共同启动了家庭教育立法调研工作，开展了大量的文献研究、实地调研、专题研讨，形成了《中华人民共和国家庭教育法（草案）》。家庭教育法也列入了十三届全国人大常委会五年立法规划的第三类立法项目。

为了进一步推进家庭教育立法，2019年的全国人代会上，全国人大代表、全国妇联党组成员邓丽联名代表共同提交《关于加快家庭教育立法的议案》，建议通过加快立法提升家庭教育地位、明确家庭教育核心内容、扩大公共服务供给、规范家庭教育行为，从制度层面推进解决家庭教育面临的突出问题，促进家庭教育工作持续发展，为培养能够担当民族复兴大任的时代新人提供法治保障。

去年全国人代会上，我也正式提出关于加快制定《中华人民共和国家庭教育法》的议案。全国人大教科文卫委员会高度重视，吴恒副主任委员率调研组就我提出的涉及教育方面的5件议案建议专程到武汉，与我见面沟通，交流座谈议案办理情况。考虑到制定这部法律的重要性、必要性、可行性、紧迫性，我再次提请全国人大常委会加快推进家庭教育法的立法进程。

建议：

建议全国人大教科文卫委员会会同教育部、全国妇联加快立法进程，争取在本届常委会提请审议。

具体建议：

第一，关于家庭教育法的框架结构，建议包括总则、家庭主体、政府主导、学校指导、社会协同、保障激励、法律责任、附则等内容。

第二，明确家庭教育的法律地位和原则，使之在现代国民教育体系和终生教育体系中发挥其应有的基础作用。明确家长在家庭教育中的第一责任人的地位与作用，规定家庭教育主体的权利、责任和义务。强化政府在促进家庭教育事业发展中的责任。应对农村地区的家庭教育给予更多的支持与投入；对于留守流动儿童、残疾儿童等的家庭教育问题，应有专门的条款对其给予特殊关照。

第三，明确家庭教育的管理体制与机构。家庭教育工作涉及政府多个部门，需要建立相应的组织体制和工作机制。建议将组织协调机制设定为三个层次：一是由地方政府的妇女儿童工作委员会承担组织、协调、指导、督促职能；二是构建家庭教育由妇联、教育部门主抓的工作格局；三是明确民政、卫生和计生、公安、关工委等相关部门、单位在各自职责范围内为开展家庭教育工作提供支持。鉴于政府妇女儿童工作委员会、妇联分别属于议事协调机构和人民团体，没有行政权，根据教育法的规定，县级以上教育行政部门主管教育工作，教育法同时也将家庭教育纳入了调整范围。因此，建议家庭教育的行政管理工作由教育部门承担。同时，在教育行政部门下设家教中心来指导家庭教育活动，或者成立专门机构。

第四，鼓励高校设置家庭教育课程，有条件的高校开设家庭教育专业，培养师资。有了家庭教育的专业教师，才能培养更多的专业人员。这个工作的抓手是师范大学，6所教育部直属的师范大学带头，还有各个省属高校的师范大学。通过培养师资，达到在各个社区都配备家庭教育专业人员的目标，指导家长怎么当家长。

第五，构建立体化的教育体系，将家庭教育真正纳入其中，建立相关机构，配备专业人员；并吸纳与家庭教育相关的文化、宣传、卫生、民政、公安等政府部门，和妇联、工会女职工委员会等群团组织形成合力，构建起家庭教育社会支持网络系统。要通过家委会、家长学校、家长课堂、购买服务等形式，形成政府、家庭、学校、社会联动，形成合力，构建家庭教育工作体系。同时，顺应形势变化，坚持问题导向，应形势发展，对出现的新情况、新问题开展理论研究，更好地指导家庭教育工作实践与时俱进地顺利开展。

第六，加强家庭教育事业的财政投入。家庭教育经费应列入各级政府的财政预算。在中央以及各省、市、县财政中设立家庭教育的专项经费，并确立农村和城市等地区不同的家庭教育投入体制和筹资办法，以保障各地家庭教育工作获得必需的财力支持。进一步强化对家庭教育市场的管理，重视发展培育有资质的社会组织，为家长和孩子提供切实有效的指导和服务。

第七，建立告诫制度、家庭教育的督导评估与问责制度。针对现实生活中存在的不当家庭教育行为，为了有效制止父母以家庭暴力形式教育子女，草案第 42 条第二款依据《反家庭暴力法》第 16 条设立的公安机关告诫制度的规定精神，对父母或其他监护人违反条例规定但尚不足以予以行政处罚的行为，规定由公安机关出具告诫书。加大对家庭教育评估和监督力度，建立视导、督导和问责制度。同时，明确对家庭教育主管机构的监督及在家庭教育中出现的违法行为的处理机制。

第八，关于家庭教育日(或者家庭教育宣传周)。1993 年联合国大会纽约特别会议确立每年 5 月 15 日为"国际家庭日"，旨在提高国际社会对家庭重要性的认识，促进家庭和睦、幸福和进步。设立家庭教育日，集中宣传我国重视家庭教育的优良传统、家庭教育的先进典型，有利于促进全社会增强家庭教育意识，增进家庭幸福和社会和谐。我国上海等地每年举办"家庭教育宣传周"及"家庭教育日"，重庆将 5 月 15 日"国际家庭日"设立为全市家庭教育日。建议在立法中将 5 月 15 日设立为家庭教育日或者将 5 月 15 日国际家庭日所在周设立为家庭教育宣传周。

总的来说，应通过加快立法提升家庭教育地位、明确家庭教育核心内容、扩大公共服务供给、规范家庭教育行为，从制度层面推进解决家庭教育面临的突出问题，促进家庭教育工作持续发展，为培养能够担当民族复兴大任的时代新人提供法治保障。

推行《家庭教育促进法》

郑晓边

2021年《湖北省家庭教育促进条例》发布，并在5月1日起施行。同年10月23日，十三届全国人大常委会第三十一次会议表决通过了《家庭教育促进法》，该法将于2022年1月1日起施行。法律明确了家庭教育的概念、内容和方法，规定了父母或者其他监护人负责实施家庭教育，国家和社会为家庭教育提供指导、支持和服务，国家机关、国家工作人员带头做好家庭教育工作。由此，**家庭教育上升为"国事"**。家庭与学校如何积极参与？我的体会是：家庭教育春回地暖之际，若家庭多一些负责家长，课堂多一些幸福教师，学校多一些睿智校长……孩子们就能够感受阳光，茁壮成长。在此，谈谈华大新父母教育研究院学术团队在家庭教育领域的教研思考与社会服务成果，供广大家长和教师在深入推行《家庭教育促进法》实践中参考。

一、家庭教育立法调研

2011年，作为湖北省妇联家庭教育立法调研项目主持人，我带领课题组（华中师范大学心理学院85位研究生参与调研和数据分析工作）奔赴湖北省武汉、襄阳、宜昌三个地区开展家庭教育调研。此次调研目的明确：了解湖北省城乡家庭教育现状，探索家庭教育立法的可能性与必要性，促进家庭社会以及人的健康发展。项目采用问卷、访谈、网络等调研方式，对全省 11 个市州的城、乡普通学校、幼儿园 5—17 岁学生和家长共 7700 人进行配对问卷调查，并选择 7 个市州的 4 类代表人群共 56 人进行重点访谈，同时对省市家长学校的 230 名教师进行调查，还通过"大楚网"进行社会人群 3412 户家长网络问卷调查。调查的主要结果与讨论为家庭教育立法推进提供了参考。

（一）问卷调查显示了家庭教育现状不容乐观

调查显示，半数以上的调查对象是独生子女，接近一半的人生活在城市，7.6% 的对象生活在单亲家庭，父母的受教育程度处于中等偏下水平，主要集中在初中、高中或中专、专科。

家庭教育的理念略显不足。多数家长通过在家购买书籍的形式对孩子进行早期教育，不少家长不对孩子进行任何早期教育，家长缺少系统科学的早教知识，对孩子的心情重视不够，大多数家长对孩子都过分溺爱，不让孩子做家务。

亲子互动调查发现，亲子冲突的原因主要是学习、看电视、上网等。孩子平时和父母一起进行的活动有看电视（80.8%）、逛街购物（73.0%）、聊天（61.9%），平时和父母一起打牌和打麻将（8.3%）。孩子最想和父母一起进行的活动有看电视和看书、外出游玩、运动、聊天。46.7% 的孩子最讨厌父母将自己与其他孩子比较，37.2% 的孩子讨厌父母随便动自己的东西，27.1% 的孩子最讨厌父母动手打自己，26.6% 的孩子最讨厌父母在别人面前指责自己。30.7% 的父母希望孩子能获得博士学历，但是孩子认为自己能达到的最高学历远比父母期待的水平要低，只有 17.0% 的孩子认为自己能读博士，39.1% 的孩子认为自己只能读本科。

对不同年级、城乡学生的问题行为进行方差分析比较，发现学生问题行为随年级上升而增加，农村孩子的问题行为多于城镇学生，非独生孩子的问题行为多于独生孩子。

人均月收入在 1500 元以下的家庭占 37%，但家庭每年对孩子的教育投入很多。数据显示，38.1% 的家庭每年投入 3000～6000 元，23.1% 的家庭投入 6000 元以上，可见家庭教育负担之重。分析发现，家庭人均收入不同的孩子问题行为无显著差异，反映出家庭经济收入高低对孩子的问题行为可能不是主要影响因素。根据父母受教育程度比较孩子的问题行为，发现存在显著差异，一般的趋向是，父母受教育程度越高，孩子问题行为越少。

对家庭亲子关系进行比较发现，母子间的关系明显好于父子间的关系。城镇家庭的亲子关系优于农村家庭，独生子女家庭的亲子关系好于非独生子女家庭，完整家庭的亲子关系明显好于单亲家庭和再婚家庭。

对家庭亲子关系与孩子问题行为作相关分析，发现父子关系和母子关系都与孩子的问题行为呈显著负相关，即亲子关系越好，孩子的问题行为越少。对不同频率的亲子冲突和孩子的问题行为作方差分析发现，冲突频率越高，孩子的问题行为也越多。

相关分析发现，父母的监控、父母的期待都与孩子的问题行为显著负相关，表明父母对孩子若有比较高的期待，对孩子有约束要求，孩子的问题行为则比较少。而父母的"心理控制"与孩子的问题行为有显著的正相关，显示父母越企图控制孩子的心理活动，孩子的问题行为越多。

近六成的家长主要通过书本杂志获得家庭教育知识，还有近半数的家长靠自己摸索积累获得，只有很少一部分家长是通过家长学校指导来获得家教知识的。这表明目前家长学校还未真正做到为家庭服务，家庭教育工作还远远没有普及。

对社区教育了解情况的调查发现，31.1% 的家长不了解，21.2% 的家长只听说过，说明社区教育工作宣传不够。参加过校外青少年教育培训机构的人相对较多，有相当一部分人参加的是各种学习技能辅导班。选择家庭教育指导中心的较少，一方面反映了人们对家庭教育的重视不够，另一方面也反映了目前家庭教育指导中心还没发挥应有作为，没有服务社区家庭。

家长普遍认为，目前孩子最需要的是学习习惯、方法、态度的教育、良好个性的培养和智力的开发，严重忽视了对孩子进行美育、热爱党和社会主义的教育、集体主义教育和法纪教育等，反映了家庭教育的应试倾向。

在课余时间安排方面，接近半数的家长愿意让孩子在课余时间学习数理化等科技文化知识，很少有家长愿意投资让孩子在课余时间学习修理技术、手工制作、计算机等，表明家长非常重视学生的学习成绩，忽视了对孩子进行生活技能的培养。

在学校及社会指导家庭教育的方式上，大多数家长认为家庭教育应该以集体方式(专题讲座、家长会)为主进行指导，很少有家长愿意以个别方式(家访、来校咨询)接受家庭教育指导。在家庭教育指导内容方面，绝大多数家长更重视实用的切实有效的指导内容，希望了解学生身心发展规律和年龄特点。

(二)重点人群访谈反映出家庭教育的需求

访谈采用小组集中访谈形式，围绕家庭教育管理和立法相关的问题，对7个市(武汉、襄阳、宜昌、恩施、十堰、荆州、随州)有代表性的对象56人进行访谈，现场做录音记录，访谈后填写半结构化访谈表格，再根据录音、访谈表格和补充的文字资料来分析数据。访谈调查表明，各市州的家庭教育工作存在一些不足：1.家长家庭教育观念陈旧；2.家庭教育缺乏法律支持，经费无保障；3.教育师资、教材等资源匮乏；4.政府疏于对家教市场的监管；5.家庭亲子关系、父母教养方式、孩子的行为习惯和健康发展方面均存在诸多问题；6.父母和孩子对亲子活动的期待不同，父母以权威型教育为主；7.社区家庭教育普及化程度不足。

(三)家长学校的教师调查暴露了师资的短缺

教师调查是在湖北省妇联和武汉市教育局家长学校骨干教师培训班上进行的，共回收 230 名家长学校教师问卷。结果表明：1. 半数以上家长学校专兼职教师不超过 5 人；2. 乡村家庭教育教师接受培训率低于 50%；3. 46.6% 的家长学校每年开展家庭教育活动不超过 3 次；4. 教师们认为儿童最需要的教育培养内容是社会公德教育、优良传统教育；5. 半数教师认为政府和家长的重视参与程度不高。教师们反映目前家庭教育存在的主要问题包括：(1)家长自身素养不高；(2)错误的教育理念；(3)不恰当的教育方法；(4)社会变革影响家教；(5)家庭教育培训不足；(6)缺乏保障机制等。

(四)社会人群网络调查揭示了家庭教育的困难

在"大楚网"发布调查问卷，网挂 20 天，回卷 3412 份(户)，其中 97% 的孩子生活在湖北省范围。填写问卷的家长职业以公司员工、教师、管理人员、公务员和个体经营人员居多。普遍关心的是孩子的学习态度、习惯和方法，不重视德育。对家庭教育主题内容的选择率分别为：爱国主义教育 3.8%，热爱中国共产党和社会主义的教育 1.3%，劳动教育 8%，理想教育 7.7%，社会公德教育 6.2%，中华民族优良传统道德教育 6.4%，文明礼貌教育 7.8%，法纪教育 4.9%，集体主义教育 0.5%，学习习惯教育 13%，学习方法教育 12%，学习态度教育 16%，智力开发 7.9%，体育 6%，良好的个性教育 13.5%，美育 5.5%。家庭教育的最大困难：家教方式不当、缺乏师资和专业指导、父母缺少时间。家长最需要的举措：改善父母家教方法、开办社区家长学校、加强专业指导。

（五）调查反思与建议

（1）家长重视家庭教育，对孩子期待很高。调查发现，两代家长普遍重视孩子的教育问题，无论是经济支出和时间投入，还是在为孩子营造一个良好的外部生活条件方面，家长都努力做到最好。家长都希望孩子能够接受良好的家庭教育，不让孩子输在起跑线上，通过自家教育的努力，使孩子能够成才成功。绝大多数家长都抱有"望子成龙，望女成凤"的心态，希望孩子学习成绩优异，得到周围人的认可，各方面能力全面发展，能够获得高学历，拥有一个美好的未来。

（2）家长的家庭教育理念重智育、轻德育。调查反映出家长在家庭教育理念上存在一定偏差。家长把很多精力放在孩子学习成绩的提高和能力的培养方面，热衷给孩子报各种学习班、兴趣班，却常常忽略了孩子身体健康和快乐成长的需求。家长忽略美育、法纪教育、集体主义教育，片面追求学习成绩，认为高分才是好学生的标志，高分才是进入一流大学的通行证，忽视孩子情感与心理的需求和道德素质与独立生活能力的培养。

（3）亲子关系和父母受教育程度与孩子的行为问题相关。调查发现，亲子关系好的家庭孩子问题行为明显少于亲子关系不好的家庭，亲子冲突多的家庭孩子问题行为也多。孩子模仿父母的行为，亲子关系恶性循环，发展结果不容乐观。调查还发现，父母受教育程度越高，孩子的问题行为越少。这是由于父母受教育程度高，能利用自身的文化资源来为孩子创造良好的家庭环境，使孩子能够在更优越的家庭氛围中生活，家长更愿意加大对孩子的教育投入。调查表明，父母的收入高低和孩子的问题行为没有直接关系，孩子的问题行为更多是和家庭亲子关系以及家庭教育的质量密切相关。

（4）父亲期待、母亲监控和父母"心理控制"影响孩子成长。父亲对孩子教养起着重要的作用，父亲对孩子期待多一些，孩子的行为问题就少一些。心理学"期待效应"认为，在一个合理的范围内，对孩子充满期待，不断用鼓励、强化的方式去激励他，他就会克服困难，勇往直前。母亲和孩子的相处时间相对较多，会更多给予孩子生活学习上的照顾和管理，如果母亲能够加强对孩子的监控管理，孩子的问题行为会减少。父母"心理控制"与孩子行为问题显著正相关的结果提示孩子自主的重要性。"心理控制"必须以孩子的自主性为前提，必须尊重孩子的人格，父母在教育孩子的时候更多的是处于权威者和长者的地位，希望孩子按照自己的想法去行动，没有把孩子当作一个平等的个体去尊重，所以孩子行为问题增多。

(5)城乡差异和特殊儿童的问题凸显。城市家庭亲子关系明显好于农村，孩子的问题行为也少于农村孩子。居住在城市的家长文化水平相对较高，更关注孩子的教育，能有效地与孩子沟通交流，注重孩子的成长环境，所以孩子出现问题比较少。农村家长较少接受家庭教育方法培训，大部分忙于生计，导致家庭教育的不足。本调查显示，单亲家庭、再婚家庭中的孩子容易出现行为问题。缺乏完整的家庭教育环境或多或少会对孩子造成不良的影响，父母的矛盾会伤害孩子的心灵，单亲家庭缺乏父母的角色，会导致孩子人格不健全、不完整。由于家庭的离异或重组，父母会过度满足或过分要求孩子，反而最终使孩子成为受害者。在访谈中也发现，留守儿童的教育问题已成为亟待解决的社会问题。父母外出打工导致孩子长期与父母分离，情感缺失、行为规范指导的缺乏使他们出现很多问题。外出务工人员在家庭经济状况好转后，常常过度满足孩子物质上的需求，而家庭心理教育严重缺失，致使很多孩子出现问题。单亲家庭、留守、流动等特殊儿童面临着更多的挑战，如何使他们像正常儿童一样健康成长，接受科学合理的家庭教育，需要更多社会系统的支持和健全法律制度的保障。

(6)亲子互动和家庭教育可以满足家庭健康发展需求。两代家长都缺乏正确的家教方法训练，教养方式不一致。年轻一代的家长多通过书本杂志来获取家庭教育的方法和知识，老年家长的传统经验与年轻家长存在代沟，在面对孩子成长的具体问题时常常无所适从，几代家长都需要家庭教育指导。调查表明，家长对社区教育不了解，很少家长是通过家长学校来获得家庭教育知识的，居家养老的老年家长未能很好地参与家庭教育过程，还成为家庭的累赘。老年人如何参与家庭教育，家庭教育的管理体制、组织形式、具体实施、保障措施等方面均有待探索。社会和家长对家庭教育也重视不够，因此，在居家养老模式下，鼓励老有所学、老有所为，积极参与家庭教育、促进亲子互动和家庭健康发展。

由此建议：发挥政府主导作用，确立家庭教育的法律地位；发掘老有所为资源，构建家庭教育指导服务体系；深入家庭教育科学研究，发展家庭教育工作者队伍；加强家长和监护人的指导培训，转变家长的家庭教育理念；重视特殊儿童的家庭教育，促使城乡家庭教育统筹均衡、健康发展。

二、《家庭教育促进法》给父母和教师提出新要求

众所周知，家庭教育关乎未成年人的健康成长、国家发展、民族进步和社会稳定。《家庭教育促进法》的施行，需要学校与家庭的密切配合与有效协同，需要社会各界与有关部门同舟共济。正是在全国上下重新关注家庭教育立法和积极行动的大好形势下，华中师范大学北京研究院 2021 年年初就设立了产教融合机构"华大新父母教育研究院"，我们将利用 119 年悠久历史的华中师范大学优质专业资源，努力建设一支团结合作的研究与服务队伍，面向社会和家长需要，全面提升学校服务家庭教育的能力，开展家庭教育课题研究，做好决策咨询服务，编撰出版系列家庭教育指导手册，开展家长学校建设、家长培训、家庭教育指导师培训服务，建设家庭教育大数据平台。我们通过整合校内外资源，创建产教融合、科教协同、校际共享、校地协同、国际合作新机制新模式，努力将华大新父母教育研究院建设成为全国一流的新时代家庭教育新型特色智库。我们将推进"五新"工作模式：新模式(大学+基地+示范校+学习中心)、新理念、新方法、新课程、新评价。

近期，华大新父母教育研究院采用"新父母在线"视频号系列网课方式，通过咸宁市教育局的组织和支持，针对幼儿园、小学、初中、高中四个学段的家长设计了 12 次网课，践行《家庭教育促进法》，传播家庭教育三大核心理念：**1. 好妈妈胜过好老师，好爸爸胜过好校长，好家庭胜过好学校；2. 最好的老师是父母，最好的学校是家庭，最好的学区房是自家的书房；3. 每天亲子互动三个半小时，家长孩子更优秀：亲子共读半小时，亲子运动半小时，亲子交流半小时。**公益网课服务于忙碌的家长，每课一小时（包括 15 分钟互动答疑），广受社会欢迎，12 次网课在线学习人数累计 62.1 万，点赞次数累计 937.6 万。

《家庭教育促进法》的推行实施离不开家庭、学校与社会的协同工作机制。作为健康心理学研究者，我认为在诸多工作中，加强学校师生与家长乃至全社会人群的心理健康教育，是提高《家庭教育促进法》实效的关键举措，至少包括以下三方面途径：

（一）培训家长，提高心理育儿水平

通过学校办的家长学校与社区社会教育机构推行家长心理健康教育，促进家长认真学习和执行《家庭教育促进法》。要依法实施家庭教育，鼓励家长转变"把孩子交给学校万事大吉"的旧观念，切实担负起家庭教育的责任；要引导家长系统学习家庭教育的理论和方法，优化家庭教养方式，民主、温暖加一定指导，成为合格家长。家长要做好榜样，身教重于言教，以孩子为师，调动孩子学习积极性。心理育儿，是指家长要系统学习教育孩子的心理知识和技能，努力做到以下三点：

一是家长要建立素质教育观念，改善教养方式。从心理学的观点出发，素质教育是一种个性教育，孩子良好个性的培养是从家庭开始的，家长有着不可推卸的责任。家长们的教育观念亟待更新，必须把孩子的身心健康素质培养和主动发展放到家教的首要位置，正确看待孩子们"贪玩"的特性，努力改善教养方式，少一些干涉与过度保护，多一点温暖与理解，让孩子从小学知识，学做人，自理、自强。家人对孩子的要求和教养态度要一致。只有这样，才能使孩子健康发展，成为对社会有用的人和全面发展的人。

二是家长对孩子要建立合适的期望值，创设良好的家庭与社区环境。对孩子的未来充满希望，是父母的平常心。但期望值要适合孩子的特点和实际能力，还要考虑家情与国情。"孩子成绩总能名列前茅"和"多多获奖"的期望近乎苛求，使孩子为了分数和奖励斤斤计较、疲于奔忙、自负或自卑、身心素质发展失衡。因此，家长要根据孩子的实际情况，建立合适的期望值，重在创设良好的家庭心理环境，为孩子树立学习的榜样。注重情感的维系，相互提供心理支持，善于学习，优化家庭教育环境。

三是积极参与家长学校学习。家长学校是家校同步教育的有效方式。以往家长学校实践表明，接受过培训的父母，并不需要为孩子投入很多时间，而是把健康成才的钥匙交给孩子自己掌握。这里面既有教育观念问题，又有家教原则和方法学问题，通过家长学校的系列培训，可以较快地提高家教水平，改善家庭环境和教育方法，加强家校联系，从而促进孩子的健康发展。

（二）提升教师教育教学能力和幸福力

幸福不仅是感觉，更是一种能力，是一个人内在的心理素养，包括人的情感力、认知力、健康力、意志力、抗挫力、微笑力和德行力。心理幸福不仅是个体主观的感觉，还是社会康宁的表征。师生与家庭幸福力的培养是教师职业的终身使命！

有幸福力的教师就是习主席说的"四有"教师：有理想信念，有道德情操，有扎实学识，有仁爱之心；他们的心理在不断成长，具有对人生和教育的积极心态，有先进的教育理念与价值观，情绪能够自我调控与管理，有解决问题的心理辅导技能；他们是亲和、开放、知道自己局限、边界清晰、善于觉察、正向表达的；他们能够培养出治学、修身和济世（中国学生发展核心素养)的好学生。

有幸福力的教师具备教学能力、教育能力和自我完善与发展能力,有爱心和健康人格。一个富有爱心的老师远比一个知识渊博的老师更具魅力,教师的情操、品行、道德、伦理、气度、胸怀会通过各种途径方式渗透、融合到教学活动过程中。有幸福力的教师爱岗敬业、热情执著、人格独立、富有爱心、公平正直、品行端正;他们应该是在教学实践中取得突出成绩,在理论和实践方面具有创新性学术贡献,具有崇高的人格魅力并赢得学生与社会的真心爱戴的人。

当代教师的心理健康教育和幸福力培养已经成为教师职业训练的关键内容。有幸福力的教师才能培养出有幸福力的学生,有幸福力的教育才能建设有幸福力的家园。

(三) 健全学校-家庭-社会协同育人机制

中小学应开设家庭教育课程和加强家庭教育的指导,成立家委会,调动家长参与积极性。每位教师都需要改善教育观念,注重教与学的互动,提高教育教学能力,学习做好家访与家长工作,并通过家长学校等多种方式培训家长,形成学校-家庭-社会教育合力。学校对学生开展系统的心理健康教育至关重要,培养学生自主学习、全面发展,健康成长。师范大学和职业技术学院都应该建立家庭教育专业,培养专门人才。通过学校、家庭和社会协同实施《家庭教育促进法》,才能真正提高家庭教育质量,促进孩子与家庭的健康、幸福发展。

◎作者简介:

郑晓边,华中师范大学教授,华大新父母教育研究院院长,中国教育学会教育质量监测评价指导委员会委员,中国心理卫生协会青少年心理卫生专委会荣誉委员。

如何认识《家庭教育促进法》里
家长的法律责任

肖登辉

一、《家庭教育促进法》关于家长法律责任规定概述

根据《中华人民共和国家庭教育促进法》第二条的规定，法律意义上的"家庭教育"是指父母或者其他监护人为促进未成年人全面健康成长，对其实施的道德品质、身体素质、生活技能、文化修养、行为习惯等方面的培育、引导和影响。在日常生活中，我们一般将父母或者其他监护人简称为家长。家庭教育需要家庭、社会、国家三者联动、合力而为。法律特意设立了三章予以规定，分别是第二章家庭责任、第三章国家支持、第四章社会协同。在《家庭教育促进法》中，社会协同部分实际上包括了学校。根据《家庭教育促进法》第四条第一款、第二款的规定，未成年人的父母或者其他监护人负责实施家庭教育。国家和社会为家庭教育提供指导、支持和服务。这是一条管总的规定，它明确了家庭、社会、国家的定位。

作为家长，未成年人的父母或者其他监护人必须"依法带娃"，否则，违反相关法律规定之后就必须承担相应法律责任。在《家庭教育促进法》第

二章"家庭责任"中,法律对于未成年人的父母或者其他监护人在家庭教育中所需承担的责任做了比较全面的规定。该章名称中所论及的"责任"实际上相当于"职责"。也就是说,本章所规定的家庭责任是指未成年人的父母或者其他监护人应当承担的职责或者义务。而第五章是关于法律责任的规定,其中包括未成年人的父母或者其他监护人在违反法律规定之后所需要承担的法律责任,与第二章形成法律逻辑上的对应关系。就条文而言,主要涉及第四十八条第一款、第四十九条、第五十三条、第五十四条。

根据第四十八条第一款的规定,未成年人住所地的居民委员会、村民委员会、妇女联合会,未成年人的父母或者其他监护人所在单位,以及中小学校、幼儿园等有关密切接触未成年人的单位,发现父母或者其他监护人拒绝、怠于履行家庭教育责任,或者非法阻碍其他监护人实施家庭教育的,应当予以批评教育、劝诫制止,必要时督促其接受家庭教育指导。

根据第四十九条的规定,公安机关、人民检察院、人民法院在办理案件过程中,发现未成年人存在严重不良行为或者实施犯罪行为,或者未成年人的父母或者其他监护人不正确实施家庭教育侵害未成年人合法权益的,根据情况对父母或者其他监护人予以训诫,并可以责令其接受家庭教育指导。

根据第五十三条的规定,未成年人的父母或者其他监护人在家庭教育过程中对未成年人实施家庭暴力的,依照《中华人民共和国未成年人保护法》《中华人民共和国反家庭暴力法》等法律的规定追究法律责任。第五十三条的规定所对应的是第二十三条的规定,后者规定:"未成年人的父母或者其他监护人不得因性别、身体状况、智力等歧视未成年人,不得实施家庭暴力,不得胁迫、引诱、教唆、纵容、利用未成年人从事违反法律法规和社会公德的活动。"《中华人民共和国未成年人保护法》是关于未成年人权益保护的专门法律,《中华人民共和国反家庭暴力法》是专门针对家庭暴力的法律。因此,未成年人的父母或者其他监护人在家庭教育过程中对未成年人实施家庭暴力的，依照《中华人民共和国未成年人保护法》《中华人民共和国反家庭暴力法》等法律的规定追究法律责任。

根据第五十四条的规定，违反本法规定，构成违反治安管理行为的，由公安机关依法予以治安管理处罚；构成犯罪的，依法追究刑事责任。

上述条款中，根据情况对父母或者其他监护人予以训诫、依照《中华人民共和国未成年人保护法》《中华人民共和国反家庭暴力法》等法律的规定追究法律责任、违反治安管理行为的行为所需要承担的法律责任主要也是对家长的行政责任的追究。关于行政责任的概念，主要有如下三种观点：(1)行政法律关系主体说。即认为行政责任是指行政法律关系主体由于违反有关行政法律规范或不履行行政法律义务应依法承担的否定性法律后果。行政责任具有三个特征：第一，行政责任的主体是行政法律关系主体。第二，行政责任是基于行政法律关系而发生的。第三，行政责任是一种法律责任。(2)行政主体说。即认为行政责任是指行政主体(包括行政机关和其他行政公务组织及其人员)因在行使行政权的过程中违反行政法律规范而应承担的法律责任。(3)行政相对人说。即认为行政责任是指行政相对人由于违反行政法律规范而应当承担的法律责任。从表面上看，上述三种观点最大的区别在于行政责任主体的范围不同。第一种定义所涉及的行政责任主体的范围最广。其实，不同的行政法理念深深潜藏在这一表象之下。第一种定义将行政主体与行政相对人都作为行政责任的主体，反映出持该观点的作者在行政法学研究中不仅重视行政主体也重视行政相对人，主张平衡论。第二种定义则透射出持该观点的作者持有行政法属于控制行政权之法的理念。第三种定义明显带着管理论的色彩，暗含着行政相对人就是行政主体的管理对象的思想。在立法中，第三种观点被采纳较多。即通常认为行政责任的主体是行政相对人，也就是通常所说的公民、法人或者其他组织。因此，我们认为，行政责任是指公民、法人或者其他组织的行为违法而应承担的否定性法律后果。行政责任具有以下特征：第一，行政责任的主体是行政相对人。这是行政责任在主体方面的特征。行政责任的主体既包括公民，也包括法人或者其他组织。第二，行政责任是一种法律责任而不是政治责任或道义责任。法律责任是基于法律规定而产生的责任。行政责任必须以法律为依据，所以它是一种法律责任。"政治责任是指行政机关对选举其产生的代议（权力）机关及选民负责。"①政治责任是违反政治义务所应承担的一种责任。道义责任则是指基于道德义务或约定而产生的一种责任。第三，行政责任源于公民、法人或者其他组织的行为违法。这是从引起行政责任的原因的角度来分析的。

对家长的行政责任的追究的核心问题是"归责原则"的确立。"归责原则"这一概念的核心是"归责"。所谓归责，是指行为人因其行为和物件致他人损害的事实发生以后，应依何种根据使其负责，此种根据体现了法律的价值判断，即法律应以行为人的过错还是应以发生的损害结果为价值判断标准，抑或以公平考虑等作为价值判断标准，而使行为人承担侵权责任。② 归责原则是指关于归责的根本规则。

"归责原则指归究法律责任的根本标准。英美法系国家以'criterion of liability'来表达'归责原则'即为明证。换言之，能够成为归责事由的因素是众多的，其中带有评价性的根本法律价值因素才是归责原则。"③这种观点抓住了归责原则的本质。因此，我们认为，所谓行政责任的归责原则，是指公民法人或者其他组织违法后，应依何种根据使其承担法律责任的根本规则。

实际上，行政责任的归责原则是行政法学者在理论抽象的基础上提出的一个学理概念，并不是一个严格意义上的实定法用语。这一点颇类似于行政法的基本原则。尽管与行政法的基本原则一样，行政责任的归责原则并非是由具体的法律规范所明确加以规定的，但是，它是反映在行政法中、用以指导和规范具体行政责任制度的制定和实施的一项最为基本的原则。行政责任的归责原则来源于具体的行政法律的责任规范，但又高于这

① 崔卓兰主编：《新编行政法学》，科学出版社 2004 年版，第 272 页。
② 参见王利明著：《侵权行为法归责原则研究》，中国政法大学出版社 2003 年 1 月修订版，第 15-16 页。
③ 胡建淼主编：《行政违法问题探究》，法律出版社 2000 年版，第 550-551 页。

些具体的行政法律规范，因为它是在行政法的基本原理、基本原则的指引下所作的一种高度的理论提炼。准确把握行政责任的归责原则，对于深刻领会和贯彻行政责任立法的根本精神，保障行政责任规范的有效实施，都具有重要的理论指导意义。

在民法中，过错推定，也称为过失推定，是指如果原告能证明其所受的损害是由被告所致，被告不能证明自己没有过错，法律上就应该推定被告有过错并应负民事责任。① 对家长的行政责任的追究，其归责原则应适用过错推定原则。过错推定原则具有广泛的适用性。依据过错推定原则，在追究家长行政责任的过程中，首先推定家长具有过错，家长只有证明其没有过错才能不承担行政责任。之所以将过错推定原则作为家长行政责任的最主要的归责原则，其理由在于：首先，实行过错推定原则与家庭教育促进法的立法理念高度一致。家庭教育促进法不仅仅是规范家庭教育的法律，更是促进家庭教育的法律。促进家庭教育是该法的立法主要目的。而在家长行政责任的归责中实行过错推定原则，正是这一理念的充分彰显。因为实行过错推定原则，就使家长承担了更多的义务，从而使其受到了法律更加严格的控制。

二、训诫在父母或者其他监护人追责中的适用

《家庭教育促进法》第四十九条规定，公安机关、人民检察院、人民法院在办理案件过程中，发现未成年人存在严重不良行为或者实施犯罪行为，或者未成年人的父母或者其他监护人不正确实施家庭教育侵害未成年人合法权益的，根据情况对父母或者其他监护人予以训诫，并可以责令其接受家庭教育指导。训诫是一种重要的法律手段，有必要对其进行深入分析。

---

① 参见佟柔主编：《中国民法》，法律出版社 1990 年版，第 570 页。

（一）训诫的法律涵义

训诫，文义解释为训斥、劝诫。《辞海》中解释为：教导、劝诫或是一种较为轻微的刑罚。"训诫"在我国诸多法律规范中有所涉及，不同领域的训诫不尽相同，本文着重从行政法学视角展开研究。较早对训诫进行规定的是1964年1月18日最高人民法院作出的《关于训诫问题的批复》。其规定："一、人民法院对于情节轻微的犯罪分子，认为不需要判处刑罚，而应以训诫的，应当用口头的方式进行训诫。在口头训诫时，应当根据案件的具体情况，一方面严肃地指出被告人的违法犯罪行为，分析其危害性，并责令他努力改正，今后不再重犯；另一方面也要讲明被告人的犯罪情节尚属轻微，可不给予刑事处分。二、凡用口头训诫处理的轻微刑事案件，因不属于刑罚处理，可不必制作法律文书，但应将处理的情况在案卷中详细记明，并交当事人阅读或者读给当事人听后签名盖章，以备查考。对于当事人要求发给法律文书的，应当耐心地向当事人讲清楚训诫不属于法律处分，法院已将训诫处理的经过记入案卷，有案可查，因而无须制作法律文书。"依据这一规定，训诫是人民法院针对情节轻微不需要判处刑罚的人作出的，指明其违法犯罪行为并责令改正、不再重犯的行为。而行政法中的训诫，一般是指公安机关对违法人员进行批评教育，并责令其改正，不得再犯的一种手段。其区别有以下几点：第一，作出训诫的主体不同。行政法中作出训诫的主体是公安机关，其他领域中作出训诫的主体可以是人民法院、人民检察院或社会矫正机构。第二，训诫的对象不同。公安机关可依法对违反相关规定的保安员、信访人、被拘留人、戒毒人员等进行训诫。而司法机关训诫的对象一般为违反法庭规则的人、违反人身安全保护令的人、违反听证秩序的人和不起诉案件中的被不起诉人等。第三，作出训诫的方式不同。行政法中的训诫可以由公安机关依法对相关违法人员予以训诫，并适情开具训诫文书，即：公安机关既可以对相对人进行口头训诫，也可以进行书面训诫。而最高人民法院在《关于训诫问题的批复》中指出：人民法院对于情节轻微的犯罪分子，认为不需要判处刑罚，而应以训诫的，应当用口头的方式进行训诫。

(二) 训诫的法律依据

1. 公安机关作出训诫的法律依据

(1)《预防未成年人犯罪法》的相关规定。该法第三十七条规定，未成年人有本法规定严重不良行为，构成违反治安管理行为的，由公安机关依法予以治安处罚。因不满十四周岁或者情节特别轻微免予处罚的，可以予以训诫。第四十九条规定，未成年人的父母或者其他监护人不履行监护职责，放任未成年人有本法规定的不良行为或者严重不良行为的，由公安机关对未成年人的父母或者其他监护人予以训诫，责令其严加管教。第五十条规定，未成年人的父母或者其他监护人违反本法第十九条的规定，让不满十六周岁的未成年人脱离监护单独居住的，由公安机关对未成年人的父母或者其他监护人予以训诫，责令其立即改正。

(2)《信访条例》的相关规定。该法第四十七条规定，违反本条例第十八条、第二十条规定的，有关国家机关工作人员应当对信访人进行劝阻、批评或者教育。经劝阻、批评和教育无效的，由公安机关予以警告、训诫或者制止。《保安服务管理条例》第四十五条规定，保安员有下列行为之一的，由公安机关予以训诫；情节严重的，吊销其保安员证；违反治安管理的，依法给予治安管理处罚；构成犯罪的，依法追究刑事责任。《拘留所条例》第二十三条规定，被拘留人有下列违法行为之一的，拘留所可以予以训诫、责令具结悔过或者使用警械。《看守所条例》第三十六条规定，看守所对于违反监视的人犯，可予以警告或者训诫；情节严重，经教育不改的，可以责令具结悔过或者经看守所所长批准予以禁闭。

(3)《公安机关强制隔离戒毒所管理办法》的相关规定。该法第三十六条规定，对有下列情形之一的戒毒人员，应当根据不同情节分别给予警告、训诫、责令具结悔过或者禁闭；构成犯罪的，依法追究刑事责任。对戒毒人员处以警告、训诫和责令具结悔过，由管教民警决定并执行；处以禁闭，由管教民警提出意见，报强制隔离戒毒所所长批准。

《治安管理处罚条例(1994年修正)[失效]》第九条规定，已满十四岁不满十八岁的人违反治安管理的，从轻处罚；不满十四岁的人违反治安管理的，免予处罚，但是可以予以训诫，并责令其监护人严加管教。但是该处罚条例已经失效，不再作为当前行政法中训诫的法律依据。

2. 社区矫正机构作出训诫的法律依据

《社区矫正法》(自2020年7月1日起实施)第二十八条规定，社区矫正机构根据社区矫正对象的表现，依照有关规定对其实施考核奖惩。社区矫正对象认罪悔罪、遵守法律法规、服从监督管理、接受教育表现突出的，应当给予表扬。社区矫正对象违反法律法规或者监督管理规定的，应当视情节依法给予训诫、警告、提请公安机关予以治安管理处罚，或者依法提请撤销缓刑、撤销假释、对暂予监外执行的收监执行。

3. 人民法院作出训诫的法律依据

《刑法》第三十七条规定，对于犯罪情节轻微不需要判处刑罚的，可以免予刑事处罚，但是可以根据案件的不同情况，予以训诫或者责令具结悔过、赔礼道歉、赔偿损失，或者由主管部门予以行政处罚或者行政处分。《反家庭暴力法》第三十四条规定，被申请人违反人身安全保护令，构成犯罪的，依法追究刑事责任；尚不构成犯罪的，人民法院应当给予训诫，可以根据情节轻重处一千元以下罚款、十五日以下拘留。《企业破产法》第一百二十九条规定，债务人的有关人员违反本法规定，擅自离开住所的，人民法院可以予以训诫、拘留，可以依法并处罚款。

《民事诉讼法》第六十五条规定，当事人对自己提出的主张应当及时提供证据。当事人逾期提供证据的，人民法院应当责令其说明理由；拒不说明理由或者理由不成立的，人民法院根据不同情况可以不予采纳该证据，或者采纳该证据但予以训诫、罚款。第一百一十条规定，诉讼参与人和其他人应当遵守法庭规则。人民法院对违反法庭规则的人，可以予以训诫，责令退出法庭或者予以罚款、拘留。《刑事诉讼法》第一百九十三条规定，

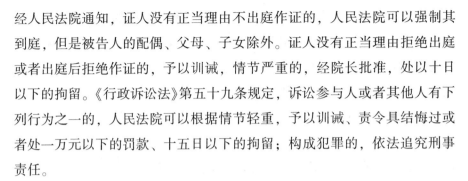

经人民法院通知，证人没有正当理由不出庭作证的，人民法院可以强制其到庭，但是被告人的配偶、父母、子女除外。证人没有正当理由拒绝出庭或者出庭后拒绝作证的，予以训诫，情节严重的，经院长批准，处以十日以下的拘留。《行政诉讼法》第五十九条规定，诉讼参与人或者其他人有下列行为之一的，人民法院可以根据情节轻重，予以训诫、责令具结悔过或者处一万元以下的罚款、十五日以下的拘留；构成犯罪的，依法追究刑事责任。

4. 人民检察院作出训诫的法律依据

《人民检察院刑事诉讼规则》第七十九条规定，对证人及其近亲属进行威胁、侮辱、殴打或者打击报复，构成犯罪或者应当给予治安管理处罚的，人民检察院应当移送公安机关处理；情节轻微的，予以批评教育、训诫。第三百七十三条规定，人民检察院决定不起诉的案件，可以根据案件的不同情况，对被不起诉人予以训诫或者责令具结悔过、赔礼道歉、赔偿损失。《人民检察院民事诉讼监督规则（试行）》第六十四条规定，参加听证的人员应当服从听证主持人指挥。对违反听证秩序的，人民检察院可以予以训诫，责令退出听证场所；对哄闹、冲击听证场所，侮辱、诽谤、威胁、殴打检察人员等严重扰乱听证秩序的，依法追究责任。

（三）训诫的法律性质

有人认为，行政法中的训诫实质上是一种警告，是公安机关对涉及违法行为但情节轻微的人作出的一种行政处罚。诚然，在行政执法过程中，公安机关在对某行政相对人作出警告处罚时，可能会采取当场训诫的方式履行处罚。但是，此处的训诫仅仅是警告处罚的一种具体履行方式，警告处罚的一种具体履行方式并不等于警告本身。《信访条例》第四十七条规定，有关国家机关工作人员对信访人进行劝阻、批评或者教育无效的，由公安机关予以警告、训诫或者制止。可见，训诫是一种与警告相并列的行为，不能等同于警告。而且，训诫较之劝阻、批评和教育，手段更为严厉。那么，训诫是否是一种行政处罚呢？行政处罚，指的是行政主体对于实施违法行为，但尚未构成犯罪的公民、法人或者其他组织，通过剥夺或限制其一定权利，加以惩戒的行为。我国《行政处罚法》第八条规定，行政处罚的种类包括：警告；罚款；没收违法所得、没收非法财物；责令停产停业；暂扣或者吊销许可证、暂扣或者吊销执照；行政拘留；法律、行政法规规定的其他行政处罚。《治安管理处罚法》第十条规定，治安管理处罚的种类分为：警告；罚款；行政拘留；吊销公安机关发放的许可证。对违反治安管理的外国人，可以附加适用限期出境或者驱逐出境。从这两条规定可以看出，行政处罚和治安管理处罚的种类均不包括训诫。根据处罚法定原则，行政机关不得随意创设行政处罚方式，所以训诫并不是一种特殊的行政处罚。

《治安管理处罚法》第五条第三款规定，办理治安案件应当坚持教育与处罚相结合的原则。从上述分析可知，训诫严于劝阻、批评和教育，也非警告等行政处罚，它更像是一个批评、教育的升级版，体现教育与处罚相结合原则的行政管理措施。

（四）训诫的行政可诉性问题

行政机关作出的某一行政行为是否具有可诉性，要看该行为是否符合行政诉讼的受案范围。《行政诉讼法》第十二条规定，人民法院受理公民、法人或者其他组织提起的下列诉讼：（一）对行政拘留、暂扣或者吊销许可证和执照、责令停产停业、没收违法所得、没收非法财物、罚款、警告等行政处罚不服的；（二）对限制人身自由或者对财产的查封、扣押、冻结等行政强制措施和行政强制执行不服的；（三）申请行政许可，行政机关拒绝或者在法定期限内不予答复，或者对行政机关作出的有关行政许可的其他决定不服的；（四）对行政机关作出的关于确认土地、矿藏、水流、森林、山岭、草原、荒地、滩涂、海域等自然资源的所有权或者使用权的决定不服的；（五）对征收、征用决定及其补偿决定不服的；（六）申请行政机关履行保护人身权、财产权等合法权益的法定职责，行政机关拒绝履行或者不予答复的；（七）认为行政机关侵犯其经营自主权或者农村土地承包经营权、农村土地经营权的；（八）认为行政机关滥用行政权力排除或者限制竞争的；（九）认为行政机关违法集资、摊派费用或者违法要求履行其他义务的；（十）认为行政机关没有依法支付抚恤金、最低生活保障待遇或者社会保险待遇的；（十一）认为行政机关不依法履行、未按照约定履行或者违法变更、解除政府特许经营协议、土地房屋征收补偿协议等协议的；（十二）认为行政机关侵犯其他人身权、财产权等合法权益的。除前款规定外，人民法院受理法律、法规规定可以提起诉讼的其他行政案件。比照上述关于行政诉讼受案范围的规定，或许有人会认为：训诫并不符合其中任何一种可诉情形，因此训诫行为不具有可诉性。

根据《行政诉讼法》解释的第一条第二款第八项之规定，不属于人民法院行政诉讼受案范围的行为包括：对公民、法人或者其他组织权利义务不产生实际影响的行为。也就是说，可诉的行政行为必须是对公民、法人或者其他组织的权利义务产生了实际影响的行为。因此，一个训诫行为是否可诉，关键要看训诫的具体内容是否对相对人产生了法律效果，是否对其权利义务产生了实际影响。如果训诫的内容没有突破批评、教育的属性，未产生实际的法律效果，则该训诫行为不具有可诉性；如果训诫的内容对相对人进行了不利的事实认定或对其权利义务产生了调整作用，则该训诫行为具有可诉性。

训诫在实践中的表现形式不尽相同，在研究其可诉性问题时，必须透过现象看本质，根据训诫的具体内容来判断。例如，两个人都被公安机关进行了"训诫"，但是训诫的实质内容不同，结果一个人能提起行政诉讼，另一个人反之，那这种现象也是可以被接受的。训诫是行政法中教育与处罚相结合原则的重要体现。在行政执法过程中，合理合法地使用训诫权，不仅可以使一些潜在的违法行为消失于萌芽状态，促进社会和谐稳定，还可以节约执法资源，提高行政效率。但是，在实务中却存在着一些公安机关缺乏法律依据、违反法定程序、滥用训诫权的现象。这些不良现象一方面导致了行政执法工作的无序，影响政府的公信力，另一方面严重影响了公民的切身利益，不符合为人民服务的宗旨。完善行政法中的训诫制度，必须要做到以下几点：第一，完善相应的法律法规，对训诫主体、训诫对象、训诫内容、训诫形式等作出具体规定，做到有法可依。第二，提高行政机关工作人员的执法素质，审慎使用训诫权，坚持法无授权即禁止原则，避免滥用权力。第三，加强行政执法监督，让权力在阳光下运行。第四，严格行政执法责任制，保证有权必有责，违法必追究，切实保护广大人民群众的根本利益。

三、家庭教育令在家长家庭教育法律责任追究中的应用

　　根据《家庭教育促进法》第四十九条的规定，公安机关、人民检察院、人民法院在办理案件过程中，发现未成年人存在严重不良行为或者实施犯罪行为，或者未成年人的父母或者其他监护人不正确实施家庭教育侵害未成年人合法权益的，根据情况对父母或者其他监护人予以训诫，并可以责令其接受家庭教育指导。根据该条规定，公安机关、人民检察院、人民法院有权责令未成年人的父母或者其他监护人接受家庭教育指导。实践中，主要是由作为司法机关的法院依法发出《家庭教育令》。

　　根据《北京青年报》的相关报道，截至目前，江苏、湖南、广西、广东、福建、四川、重庆、内蒙古、江西等地的法院陆续发出《家庭教育令》。2022年1月1日，《家庭教育促进法》正式开始实施。当天，江苏省盱眙县法院向一名因犯罪被判刑的未成年人的父亲发出了一份《责令接受家庭教育指导令》。在该案中，未成年人犯军军（化名）因犯罪获刑5年。法院发现军军的父亲没有切实履行好监护职责，疏于家庭教育，放任军军上学期间及辍学后长期与社会闲散人员交往，也没有通过有效的家庭沟通和家庭教育帮助孩子树立正确的人生观、价值观，在一定程度上导致其走上了犯罪道路。法院于是向军军的父亲发出《责令接受家庭教育指导令》，

并举办了未成年人家庭教育培训班，邀请家庭教育讲师团对军军父亲如何进行家庭教育进行专项辅导。辅导的内容包括如何与正在服刑的未成年子女重新建立有效的家庭沟通、如何帮助未成年子女重新认识自我并尽快改正错误、如何引导未成年子女进行职业规划等。1月10日，广东省新会法院在审理一起涉寻衅滋事刑事案件中，针对监护人在家庭教育中不到位的情形，分别向存在不良行为的作案人和被害人的监护人发出《家庭教育令》，这是《家庭教育促进法》施行后，广东发出的首份《家庭教育令》。

2022年1月6日，湖南省长沙市天心区人民法院在一起案件中发出该省首份《家庭教育令》。这一案件受到了社会舆论的更多关注。湖南省长沙市天心区人民法院在审理一起抚养权变更纠纷案时，针对监护人监护失职的情况，向监护人发出《家庭教育令》。2021年10月27日，天心法院受理原告胡某与被告陈某的抚养权变更纠纷一案，原告胡某请求法院判令将婚生女胡某茜的抚养权变更给原告胡某。天心法院少年法庭审理查明，2020年8月10日，原告与被告协议离婚，双方约定女儿胡某茜由被告陈某抚养。被告陈某离婚后再婚，并带着胡某茜搬到新的出租屋内，致使胡某茜两个星期未能上学。原告知晓后，通过找全托、请保姆的方式来履行其对小孩胡某茜的抚养与照顾义务。从2021年2月起，胡某茜一直与保姆居住。被告作为被监护人胡某茜的母亲，在原告委托全托后，只是周末过去接送孩子，并未积极履行其应尽的监护义务，可认定怠于履行其抚养义务和承担监护职责。原告虽然以找全托、请保姆的方式来履行其对小孩胡某茜的抚养与照顾义务，但是让胡某茜一个人与保姆单独居住，说明原告胡某只是履行了"养"的义务，但怠于行使"育"即教育、保护的义务。鉴于原、被告双方都存在怠于履行抚养义务和承担监护职责的问题，都对胡某茜的生理、心理与情感需求多有忽视，胡某茜表达出更愿意和其母亲即本案被告一起共同生活的主观意愿，也考虑到被告有表达出将胡某茜转学以便照顾的主观意愿，结合原、被告《离婚协议书》中胡某茜由被告抚养的约定，天心法院审理认为，还应该再给予胡某茜母亲一次自我纠错即积极履行其抚养义务和承担监护职责的机会。据此，天心法院依法驳回原告胡某的诉讼请求，判决被告陈某继续履行监护责任。同时，对法定监护人陈某的失职行为依法予以纠正，依据我国《未成年人保护法》《家庭教育促进法》中的规定，天心法院对失职监护人陈某发出《家庭教育令》。

审判长当庭宣读了《家庭教育令》，该令裁定：孩子的母亲应多关注孩子的生理、心理状况和情感需求，具体做法为与学校老师多联系、多沟通，保持与老师至少每周一次的联系频次，了解孩子的详细生活状况。如违反裁定，法院将视情节轻重，予以训诫、罚款、拘留；构成犯罪的，依法追究刑事责任。该《家庭教育令》有效期一年，在裁定失效前，胡某茜本人或密切接触胡某茜的单位，可以根据实际情况向人民法院提出申请撤销、变更或者延长《家庭教育令》；如义务履行人陈某违反裁定，视情节轻重，予以训诫、罚款、拘留；构成犯罪的，依法追究刑事责任。据悉，近年来天心法院少年法庭联合教育部门、团委、妇联等单位始终将保护未成年人合法权益作为工作重点之一，被共青团中央和最高人民法院授予"全国青少年维权岗"荣誉称号。此次发出的《家庭教育令》，是严格贯彻落实家庭教育促进法的重大探索。该令的出台，是人民法院充分发挥审判职能作用，配合政府及其有关部门建立家庭教育工作联动机制，共同做好家庭教育工作的创新司法实践，有利于依法纠正父母拒绝、怠于履行家庭教育责任，不正确实施家庭教育侵害未成年人合法权益的行为。"父母拒绝、怠于履行家庭教育责任"是一种"不作为"，在法律上属于不为，消极性明显；"不正确实施家庭教育侵害未成年人合法权益的行为"是一种"乱作为"，在法律上属于为，存在方向性错误。

根据具体问题具体分析的原则，人民法院会具体案件具体分析。根据案件的情况来看，《家庭教育令》在内容上有所不同。第一类案件是夫妻双方离婚、育有未成年子女。在这类案件中，夫妻双方婚后发现性格不合，时常因生活琐事发生争吵，引发矛盾嫌隙，决定离婚，但双方对于孩子的抚养权争执不下。比如，在一起案件中，法院对法定监护人张某怠于履行监护责任的行为依法予以纠正，并对监护人张某发出《家庭教育令》，要求张某多关注孩子的生理、心理状况和情感需求，与孩子母亲、学校老师多联系、多沟通,保持至少每周一次的联系频次,了解孩子的详细情况;裁定张某定期通过电话、网络视频等方式与孩子交流沟通,保持至少每周一次的联系频次,积极引导孩子健康成长和全面发展。第二类是未成年人存在严重不良行为。在此类案件中,由于未成年人的父母不正确实施家庭教育,怠于履行监护职责,结果未成年人沾染上抽烟、喝酒等社会陋习;比如,在一起案件中,未成年人的母亲由于工作原因,经常将女儿托付给朋友照顾,孩子的老师反映曾目睹仅上四年级的孩子在午托时间与不良人员一起抽烟。法官后向孩子母亲发出《家庭教育令》,责令其认真学习家庭教育知识,加强亲子陪伴,多关注孩子的生理、心理状况和情感需求,保持与老师至少每周一次的联系,了解孩子的学习状况,切实履行好监护人责任。第三类是父母疏于教育,未成年人实施犯罪行为。在一起案件中,法官了解到该案两名未成年被告人平日的社交圈子比较复杂,由于其父母疏于管教,未能及时发现并纠正、制止子女的不良价值观念和行为,导致两名被告人屡教不改走上犯罪道路。两名被告人先后参与实施盗窃十余次。法院于是发出《家庭教育令》,对未成年人的监护人进行了训诫,同时对法定监护人的失职行为依法予以纠正,责令其接受家庭教育指导。

在《家庭教育令》的内容上,法院主要是依据《家庭教育促进法》以及案件的具体情况来制定。制定之前,法院会对家庭进行综合评估,如果发现家庭存在家庭教育意识不高、方法不对、效果不好等情形的,也会和家长进行沟通,并且发出《家庭教育令》。法院发出《家庭教育令》后,并没有万事大吉。家长接受了家庭教育指导后,法院会及时跟踪家庭教育的效果。一方面,孩子的家长如果在和孩子沟通中发现问题会及时和法院反馈,法院根据情况会再调整指导方案。另一方面,法院还会和家庭教育专家一起对具体案件的具体家庭进行评估,并根据评估的结果提出个性化的意见。

有的社会事件虽然没有成为法律案件,但是同样值得我们进行法律思考。2021年1月24日凌晨,河北寻亲男孩刘学州在社交平台发布题为《生来即轻还时亦净》的遗书后在三亚海边自杀,经抢救无效死亡。刘学州在遗书中称,自己的养父母在他四岁时因烟花爆竹事故去世,后跟随养家姥姥生活。在网络上看到孙海洋找到儿子孙卓的事情后，他也想找到自己的亲生父母，于是通过网络发帖，寻找亲生父母。没过多久，他找到了亲生父母。这是一个喜剧的开头。可是，接下来的事情并没有向喜剧方向发展，而是走向了悲剧方向。刘学州在遗书中称，自己没有让亲生父母买房，只是说想要一个家。而其生母接受采访时称，刘学州多次要求他们为其购房，还威胁已经分别再婚的生父母离婚，对两家生活都造成影响。于是，生母将其在社交平台拉黑。刘学州在遗书中称，其生父母发声后，自己遭到大量网络暴力。舆论的关注点主要在网络暴力上。事实上，除此之外，我们还可以从生父母的家庭教育法律责任角度进行思考。刘学州的生父母对于他负有家庭教育的义务，但是他们没有履行这项义务，就如同他们在刘学州活着时没有尽到父母的抚养义务一样。根据《家庭教育促进法》第十六条的规定，未成年人的父母或者其他监护人应当针对不同年龄段未成年人的身心发展特点，以下列内容为指引，开展家庭教育。所列举家庭教育的内容中包括"关注未成年人心理健康，教导其珍爱生命"。刘学州的养父母去世以后，作为其生父母，有对刘学州进行家庭教育的义务。很显然，对于一个从小缺少母爱的孩子来说，生母对刘学州的无端指责并且在社交平台拉黑，无疑是对未成年的刘学州的极其巨大的心理打击。虽然刘学州边读书边打工，试图自食其力，但是他毕竟还是一个未满十八周岁的未成年人，其心智还没有足够的成熟。我们可以想见，在被生母拉黑后，刘学州一定认为自己在出生后就被生父母抛弃了，这是第一次抛弃，而在认亲成功后，他又遭遇到了生父母的第二次抛弃。面对来势凶猛的网络暴力，他万念俱灰的心情可以从他遗书的标题"生来即轻还时亦净"一眼看出。如果他的生母能关注刘学州的心理，能合理预见到自己言行可能产生的严重后果，或许这一人间悲剧可以避免。

◎作者简介：

肖登辉，男，1980 年 4 月生，湖北省仙桃市人。华中师范大学法学院副院长、博士、硕士生导师，中国教育法治研究与评价中心常务副主任、研究员，国家教育治理研究院研究员，长江教育研究院研究员，国家教育部教育立法研究基地研究员，中国教育发展战略学会教育法治专业委员会理事，中国立法学研究会理事，湖北省教育法律与政策研究会副会长，湖北省行政法学研究会教育法治专业委员会常务副会长。主持国家教育部、湖北省人民政府、湖北省教育厅、湖北省法学会等各部门多项研究课题。参与国家社科基金重大项目、重点项目等多项课题。已单独或参与出版《行政法中的个人信息保护问题探究》等多部著作。在《武汉大学学报》(哲学社会科学版)、《学术探索》、《教育科学研究》等学术期刊发表论文数十篇。其中，有多篇被中国人民大学复印报刊资料全文转载。

第三部分
家庭教育名师解读

全面提升家庭教育能力系列直播课

郑晓边

（说明：以下八节直播课教学内容是华大新父母教育研究院实施的咸○教育局家庭教育网课 2021 年项目的组成部分，主要针对幼儿园、小学、初中和高中四个学段的家长来教学。依孩子年龄顺序，每个年龄段安排两次网课，主要针对孩子成长中的最典型问题和家庭教育方法来实施教学。）

第一课　学习做新父母

学习目标　　怎样当好新父母？

案　　例　　面对孩子的入园焦虑

4 岁男孩明明被妈妈带着上幼儿园，来到幼儿园门口遇到老师，明明紧紧抱着妈妈，不愿妈妈离开去上班。老师和蔼地与母子交流，安慰母子，并牵着明明的手，带他进幼儿园。妈妈目送明明进教室，很不放心地离开幼儿园，一走一回头……突然，明明跑出教室，趁着老师没注意，奔着妈妈喊叫："妈妈，他们打我，我不上幼儿园！"妈妈很气愤，以为儿子真的遭受了惩罚和虐待，一把抱起孩子，离开了幼儿园……这样的入园焦虑现象很常见。究其原因，可能是教师因为忙碌而忽略了个别孩子的感受，也可能是小朋友之间的欺生或不友好相处。明明的喊叫被错误"强化"：老师感到压力剧增，孩子们引起焦虑恐惧，妈妈及时满足孩子不合理需要，离开社交环境而孤守家中……这样不良的入园体验，无疑会成为孩子社会性发展的障碍。

早期的生活经历对孩子一生的发展太重要了！尤其是3—6岁的幼儿，他们从家庭走进幼儿园，用自己特有的方式探索这个色彩斑斓的世界，他们时时刻刻承受着生活环境中的各种压力——父母的喜怒哀乐、教师的奖惩、社会环境的潜移默化……孩子的身心能否健康发展牵动着每位幼儿教师、家长的心！素质教育应从娃娃抓起。心理健康促进是提高现代幼儿素质的主要途径，即通过保育与教育结合的方式，来完成幼儿健康发展目标。《幼儿园工作规程》提出："幼儿园的主要任务是实行保育与教育相结合的原则，对幼儿实施德、智、体、美诸方面全面发展的教育，促进其身心和谐发展。"保教结合，已成为广大保教工作者的共识。

一、掌握《家庭教育促进法》重点

《家庭教育促进法》发布，给家长带来挑战。作为新父母，把握《家庭教育促进法》中的重点要求，理解新时代、新理念，掌握新方法，树立新家风，才能促进亲子新的成长。

《家庭教育促进法》中的以下几条特别重要：

第一条 为了发扬中华民族重视家庭教育的优良传统，引导全社会注重家庭、家教、家风，增进家庭幸福与社会和谐，促进未成年人健康成长，制定本法。

第二条 家庭教育，是指父母或者其他监护人为促进未成年人健康成长，对其实施的道德品质、知识技能、文化修养、生活习惯等方面的培育、引导和影响。

第三条 家庭教育以立德树人为根本任务，培育和践行社会主义核心价值观，弘扬中华优秀传统文化、革命文化、社会主义先进文化，培养德智体美劳全面发展的社会主义建设者和接班人。

第四条 未成年人的父母或者其他监护人负责实施家庭教育。

第五条 家庭教育应当符合以下要求：(一)尊重未成年人身心发展规律和个体差异；(二)尊重未成年人人格尊严，保障未成年人合法权益；(三)遵循家庭教育特点，贯彻科学的家庭教育理念；(四)家庭教育、学校教育、社会教育紧密结合、协调一致；(五)结合实际情况采取灵活多样的措施。

第十五条 注重家庭建设，共同构建文明、和睦的家庭关系，培育积极健康的家庭文化，传承优良家风，弘扬中华民族传统家庭美德，为未成年人健康成长营造良好的家庭环境。

第十六条 针对不同年龄段未成年人的身心发展特点开展家庭教育：

(一)教育未成年人爱党、爱国、爱人民、爱社会主义，遵守社会公德，增强法律意识和社会责任感，树立维护国家统一和民族团结的观念，教育未成年人尊老爱幼、勤俭节约、团结互助，形成良好道德品质；

(二)培养未成年人的良好学习习惯，提升其自主学习能力，激发其学习兴趣，理性帮助其确定成长目标；

(三)促进未成年人身心健康发展，保证营养均衡，科学运动，睡眠充足，身心愉悦，帮助其保持良好生活习惯，增强其自我保护的意识和能力；

(四)培养未成年人健康的审美情趣和审美能力，引导其树立健康的审美标准和审美追求，陶冶高尚情操，提升文明素质；

(五)帮助未成年人树立正确的劳动观念，参加力所能及的劳动，提高生活自理能力，养成良好劳动习惯。

第十七条 应当关注未成年人的生理、心理、智力发展状况……合理运用以下方式方法：

(一)亲自养育，加强亲子陪伴；

(二)共同参与，发挥父母双方的作用；

(三)相机而教，寓教于日常生活之中；

(四)潜移默化，言传与身教相结合；

(五)严慈相济，关心爱护与严格要求并重；

（六）尊重差异，根据年龄和个性特点进行科学引导；

（七）平等交流，予以尊重、理解和鼓励；

（八）相互促进，父母与子女共同成长；

（九）其他有益于未成年人全面发展、健康成长的方式方法。

二、加强家庭家教家风建设

天下之本在家。家庭和睦则社会安定，家庭幸福则社会祥和，家庭文明则社会文明。家长们通过让孩子接触传统文化、言传身教，传承好家风。千家万户都好，国家才能好，民族才能好。

家风的含义：一个家庭或一个家族世代发展过程中逐渐形成的较为稳定而独特的风气。包括生活作风、生活方式、传统习惯、家庭规范和待人接物、为人处世之道等。家风对家人或子孙的行为起着约束、规范作用。

影响家风形成的因素有：家庭的社会地位，家庭中的历史传统，家庭中主要成员的个性、品质、职业、特长等。

家长应注意以身作则，努力形成和维护良好的家风，使其成为教育子孙后代的重要手段。

十年前，我们课题组就发布了湖北省万户家庭教育现状与立法调研报告（郑晓边，2012），发现：

1. 家庭教育现状：广大家长重视家庭教育，对孩子期待很高。家长的家庭教育理念有偏差，重智育、轻德育。孩子问题行为与亲子关系和父母受教育程度相关。父亲期待、母亲监控和父母心理控制影响孩子成长。家庭教育的外部环境与社会支持缺乏。

2. 原因分析：家长家庭教育观念陈旧，教养方式不合理；家庭教育缺乏法律支持，相关系统法规待确立；家庭教育经费无保障，缺乏社会资助渠道；家庭教育资源匮乏，各组织机构未形成合力；政府对家庭教育市场监管不够，缺乏组织支持系统。

3. 建议：发挥政府主导作用，确立家庭教育的法律地位；构建家庭教育指导服务体系，提高家庭教育科学水平；深入家庭教育科学研究，发展家庭教育工作者队伍；加强家长和监护人的指导培训，转变家长家庭教育理念；重视特殊儿童的家庭教育，促使城乡家庭教育统筹均衡发展。

该调查为加强家庭家教家风建设提供了科学数据和思考。

三、父母依法带娃，自觉承担家教责任

《家庭教育促进法》要求，父母或者其他监护人要树立家庭是第一个课堂、家长是第一任老师的责任意识，承担实施家庭教育的主体责任，用正确思想、方法和行为教育未成年人养成良好思想、品行和习惯。

贯彻落实《家庭教育促进法》，家长要做到"七个自觉"：（罗爽：《中国妇女报》，2021 年 11 月 6 日）

自觉承担实施家庭教育的主体责任；

自觉落实家庭教育立德树人的根本任务；

自觉重视家庭建设，为孩子成长营造良好的家庭环境；

自觉掌握和践行家庭教育的正确方法；

自觉提高家庭教育的能力；

自觉与学校、社会相互配合，共同促进孩子的成长；

自觉尊重和保护孩子的权利。

四、家庭积极教育

家庭教育是终身教育，是人生教育的基础和起点。

积极教育：从孩子的积极力量和品质出发，以增强孩子的积极体验为主要途径，培养积极人格的教育。寻找优点、激发潜能，是更人性、更符合心理科学规律的教育，是值得提倡的教育理念。

积极教育的特点有：

看重孩子的内心需求，而非外在行为表现。

注重培养孩子的内在动机和自我管理能力。

用成长型思维模式看待孩子。

认为问题成因是多因素的而非单一因素。

注重借用环境、习惯的力量。

注重事先预防而非事后补救和矫正。

注重培养儿童的性格优点。

更看重孩子的内在优点，而非缺陷。

更注重如何解决问题，而非问题来源。

五、超常儿童培养

20 世纪初推孟把智商达到或超过 140 的儿童称为天才儿童。

(一) 关注超常儿童的原因

1. 超常儿童常常被认为有行为问题或学习习惯问题而被当成问题学生处理；

2. 超常儿童是客观存在的，和低常儿童一样都需要特殊关注；

3. 超常教育是针对超常儿童的教育，是特殊教育的组成部分，不是"超乎寻常的教育"。

(二) 超常儿童的特点

1. 敏锐的感知观察力。

2. 注意力集中，记忆力强。

3. 思维敏捷，想象丰富，理解能力强。

4. 兴趣浓厚，求知欲强。

5. 有强烈的进取心，学习勤奋，有恒心。

（三）超常儿童的主要心理品质

1. 中等以上的智力。

2. 长期发奋努力学习或工作。这是恒心的表现。

3. 善于发现并善于提出新问题。这是观察力和思维力品质。

4. 能够长时间进行思考并具有较长时间的坚持力。这是注意力和意志品质。

5. 具有创造力的学习方法并具有创造性的抱负和自信心。

（四）超常儿童健康成长的条件

1. 主观条件：超常儿童本身的原因。

2. 客观条件：家庭、学校和社会提供的环境和教育。

（五）超常儿童的家庭教育

1. 建设学习型家庭。

2. 家长要树立科学、人本的教育理念，形成民主平等的亲子关系。

3. 营造和谐的教育氛围。

4. 采取多种多样的教育策略：言传身教，亲子互动，突出重点，抓点带面。

六、学做新父母

"新父母在线"直播课的核心理念：**最好的学校是家庭，最好的老师是懂教育、会教育、善教育的父母。父母要自我觉醒，自我教育，自我提升，自我进步，做孩子最好的老师，为孩子打造最好的学校"家庭"。要重新定义父母：学习者，示范者，倾听者，建议者，守望者。**

"新父母在线"的使命：第一，解放父母，释放孩子。第二，引领父母，创造幸福。第三，打破惯性，重获新生。第四，完善自己，成就孩子。

➤ 互动与思考：怎样做新父母？请分享您的家教经验。

扫码看视频
孩子磨蹭怎么办？

第二课　优化教育方法

学习目标　　你认为什么样的家教方法最适合您的孩子？

案　　例　　多动的孩子

一位母亲带着 8 岁的男孩欢欢来到心理咨询中心向我求助。还没有开口，欢欢就在母亲与我之间打闹，干扰我们之间的谈话。我对欢欢说："你看到那边有个楼梯吗？你是否愿意尝试一下，让我看看你能够在五级台阶上下几回？"欢欢高兴地跑去上下楼梯了，于是我与他母亲有了安静的交流沟通。母亲抱怨孩子多动不宁，老师让她带孩子去多动门诊求治，结果"多动症"的标签给家人和孩子带来不少压力，学校师生都不欢迎他，孩子学习困难，家长也束手无策……10 分钟沟通过去了，我突然意识到，欢欢在楼梯那边怎么样了？扭头一看，发现欢欢正坐在楼梯边喘气。看来，对待多动的孩子需要科学、智慧的家庭教育方法。

一、家庭教育是一门科学

家庭教育是父母或其他年长者在家庭里对儿童和青少年进行的教育。家庭教育是终身教育，是人生教育的基础和起点，直接或间接影响着人生目标的实现。

家庭教育学的科学体系：

1. 家庭教育原理：理论基础，家庭教育概念，与社会教育、学校教育、自我教育的关系，家庭教育，家庭教育的原则与方法等。

2. 家庭教育学的部分科学：家庭（躯体）健康教育学、家庭心理健康教育学、家庭社会教育学、家庭发展教育学、家庭伦理教育学、家庭学习学、家长教育学、家庭教育测量学等。

3. 家庭教育的纵横发展理论：中外家庭教育史，中外家庭教育比较。

家庭教育学将相关学科作为研究的理论基础：如心理学、社会学、生理学、脑科学、语言学、人类学、生态学、信息科学、数理统计与经济学。

二、家庭教育的特点

1. 家长：家中长者，包括祖父母、外祖父母、父母、年长的兄姐及其他法定监护人。家庭教育的施教者是家长，也有隔代家长。影响家庭教育质量、水平和状况的主导因素是家长的施教水平和教育方式。家长的施教水平与政治思想道德、科学文化素质、职业或专业状况、生活方式、生活习惯、性格等相关。

2. 孩子：家庭教育的受教者是孩子。家庭教育的"育龄"从孩子3岁到高中毕业。家长和孩子的关系：法律、人格上平等，家庭地位不平等；施教与受教关系，家长与孩子"教学相长"。父母对孩子的爱有三种：溺爱，理智的爱，严爱。重要的是使孩子感受到家长的爱。

3. 家庭生活方式：民主式，专制式，不稳定式。民主式模式家庭生活有利于孩子健康成长及开展家庭教育。

4. 家庭教育目的：确立家庭教育目标的原则：与孩子的人生规划相一致，与学校教育目标相统一，与孩子的身心发展实际相结合。

三、家庭教育主要内容

1. 德育：尊老爱幼、遵纪守法、忠诚爱国、孝顺老人、尊敬兄长、讲究礼貌、诚实守信、团结友善、勤俭节约、敬业肯干、服务民众、辅助弱者等。

2. 智育：一是注意力、观察力、想象力的智力品质的训练；二是培养孩子的生活知识和活动知识的获取；三是培养孩子的学习兴趣以树立持久的学习动机；四是训练孩子的良好学习习惯。

3. 健康教育：孩子的营养、膳食配餐、身体发育状况、安全教育与自救、常见病防治、健身方法、体育运动、美容美发；开展家庭心理健康教育：心理健康的标准、青少年心理健康、亲子关系、性教育、社会适应、同辈团体、人际交往、一般心理障碍及排除。

4. 能力教育：培养动手能力、社会实践能力、家庭生活能力、家庭活动能力、适应能力等。

四、家庭教育基本原则

(一) 三位一体原则

1. 顺应生长发育规律、优化环境、教育"三位一体"。
2. 家庭、学校、社会教育"三教统筹"。

3. 从社会因素、心理因素、家庭教育因素"三个因素"整合，寻求解决问题的模式。

（二）身心健康原则

1. 家庭教育的内容与方式应促进受教育者的身心发育。

2. 家庭教育重视家庭环境。

3. 充分利用社会教育资源，孩子积极参加社会（社区）活动。

4. 家庭教育与学校教育相协调。

5. 家庭教育要注意社会文化。

6. 家庭教育要注意孩子的心理健康。

（三）亲子关系原则

1. 家长同孩子之间保持人格平等，要对孩子保持始终关心。

2. 家长在家庭教育中对孩子要求一致。

3. 家庭教育中对孩子行为的评价保持中立。

4. 家庭教育中启发孩子主动性。

（四）生活化原则

1. 在家庭生活中坚持抓机会进行教育。

2. 在家庭生活中坚持寓教于乐。

3. 坚持家庭生活、家庭活动的管理，坚持宽严相济。

（五）民主集中原则

1. 民主与集中管理相结合。

2. 实行开放式的家庭生活，又要注意社会主流意识的控制。

3. 家长以身作则。

4. 家庭教育奖惩相宜。

五、家庭教育方法

1. 了解孩子的方法：观察法，试探法。

2. 沟通方法：倾听，投射谈话，对话谈话，讨论。

3. 言教方法：启发法，诱导法，讲授法，语言暗示法。

4. 身教方法：动作暗示法，体验法，表率方法，合作方法，生活教育法。

5. 巩固教育效果方法：夸奖-批评法。

六、家长的压力与应对

1. 心理压力：面对要求、期待和职责所感受到的心理体验。

压力的两个方面：压力情境——外在客观环境事件。压力反应——个人主观对外界刺激适应或引起紧张压迫感。

2. 压力管理：学习积极解释与反驳

对好事有永久性和普遍性解释的人，如果他对坏事的解释是暂时的、特定的，那么当他遇到挫折时，他会很快重新振作起来，当他成功时，他会继续努力。对成功做暂时的和特定的解释，对失败做永久的和普遍的解释的人，碰到压力就会垮掉，而且很难东山再起。

培养乐观情绪，就是指认出自己的悲观想法，一旦意识到有悲观的想法，就要用 ABCDE 模式去反驳它：A（adversity）代表不好的事；B（belief）代表当事件发生时自动浮现的念头、想法；C（consequence）代表这个想法所产生的后果；D（disputation）代表反驳；E（energization）代表你成功进行反驳后所受到的激发。如果在不幸的事件发生后，你有效反驳了自己的悲观想法，便可以改变自己。

3. 五心十法，建设家庭

一要信心

信我必胜：自我评价实际、乐观体验自控、努力目标合适、小我大我整合。

信念合理：甄别错误信念、学会理性思考、寻求心理支持、良性自我暗示。

二要细心

细心严谨：优化教育方法、作风严谨务实、科学对待评估、提高学习效率。

细致得法：善于总结经验、学会举一反三、注重互助沟通、表扬胜于惩罚。

三要宽心

宽慰情绪：心胸宽广大度、情绪稳定愉快、合理宣泄愤怒、保持中度紧张。

宽养身心：一把菜一把豆、一个蛋加点肉、色香味七分饱、有劳逸调身心。

四要耐心

耐受挫折：缓解内心冲突、分析失败原因、修订原定目标、更多体验成功。

耐久动力：激发内部动机、合理归因成败、积极胜于消极、打破恶性循环。

五要知心

知己知彼：家校密切配合、亲子师生互动、积极应对压力、促进心灵健康。

知书达理：读万卷行万里、满足心理需要、建立合适期望、培养四个学会(认知、共处、做事、生存)。

➤ 互动与思考：家庭教育的主要困难是什么？请分享您的家教经验。

第三课　青春期安全教育

学习目标　　如何做好青春期孩子的家庭安全教育？

案　　例　　青春不能如此逝去

初中男孩壮壮在教室与同学聚众打牌，违反了学校疫情防护制度规定，受到批评。老师通知家长来学校处理孩子的问题。母亲来学校后看到壮壮站在教室外走廊"罚站"，走过去不分青红皂白，扇了孩子两耳光，结果，孩子当着母亲和同学的面跳楼……这样极端的事故说明，学校和家庭的安全教育极其重要，师生的心理健康教育亟需跟进。

一、安全教育要求与主要内容

教育部《中小学公共安全教育指导纲要（2007）》早就下文对中小学安全教育作了系列规定：

（一）指导思想

坚持以人为本，把中小学公共安全教育贯穿于学校教育的各个环节，使广大中小学生牢固树立"珍爱生命，安全第一，遵纪守法，和谐共处"的意识，具备自救自护的素养和能力。通过开展公共安全教育，培养学生的社会安全责任感，使学生逐步形成安全意识，掌握必要的安全行为的知识和技能，了解相关的法律法规常识，养成在日常生活和突发安全事件中正确应对的习惯，最大限度地预防安全事故发生和减少安全事件对中小学生造成的伤害，保障中小学生健康成长。中小学公共安全教育要遵循学生身心发展规律，把握学生认知特点，注重实践性、实用性和实效性。学校教育与家庭、社会教育相结合。

（二）安全教育主要内容

包括预防和应对社会安全、公共卫生、意外伤害、网络信息安全、自然灾害以及影响学生安全的其他事故或事件。重点是帮助和引导学生了解基本的保护个体生命安全和维护社会公共安全的知识和法律法规，树立和强化安全意识，正确处理个体生命与自我、他人、社会和自然之间的关系，了解保障安全的方法并掌握一定的技能。

（三）初中安全教育重点

1. 预防和应对社会安全类事故或事件。（1）增强自律意识，自觉不进入未成年人不宜进入的场所。逐步养成自觉遵守与维护公共场所秩序的习惯。（2）不参加影响和危害社会安全的活动，形成社会责任意识。（3）理解社会安全的重要意义，树立正确的人生观和价值观。（4）学会应对敲诈、恐吓、性侵害等突发事件的基本技能。

2. 预防和应对公共卫生事故。（1）了解重大传染病和食物中毒、生活水污染的知识及基本的预防、急救、处理常识；了解简单的用药安全知识。（2）了解青春期常见问题的预防与处理；形成维护生殖健康的责任感。（3）了解艾滋病的基本常识和预防措施，形成自我保护意识。（4）学习识别毒品的知识和方法，拒绝毒品和烟酒的诱惑。（5）了解和分析影响生命与健康的可能因素。

3. 预防和应对意外伤害事故。（1）增强自觉遵守交通法规的意识；主动分析出行时存在的安全隐患，寻求解决方法；防止因违章而导致交通事故的发生。（2）正确使用各种设施，具备防火、防盗、防触电及防煤气中毒的知识技能。（3）了解和积极预防在校园活动中可能发生的公共安全事故，提高自我保护和求助及逃生的基本技能。

4. 预防和应对网络、信息安全事故。(1)自觉遵守与信息活动相关的各种法律法规，抵制网络上各种不良信息的诱惑，提高自我保护和预防违法犯罪的意识。(2)合理利用网络，学会判断和有效拒绝的技能，避免迷恋网络带来的危害。

5. 预防和应对自然灾害。(1)学会冷静应对自然灾害事件，提高在自然灾害事件中自我保护和求助及逃生的基本技能。(2)了解曾经发生在我国的重大自然灾害，认识人类活动与自然灾害之间的关系，增强环境保护意识和生态意识。

6. 预防和应对影响学生安全的其他事件。(1)了解校园暴力造成的危害，学习应对的方法。(2)学会克服青春期的烦恼，逐步学会调节和控制自己的情绪，抑制自己的冲动行为。(3)学会在与人交往中有效保护自己的方法，构筑起坚固的自我心理防线。

二、关注家庭品德教育

《全国家庭教育指导大纲(修订)》重点强调了品德教育，即如何做人的教育：

(一)家长要倡导文明、和谐、平等、关爱的家庭价值观，建立良好的夫妻、亲子、邻里关系，妥善解决家庭内部矛盾。

(二)家庭德育要回归美好的家庭生活。家长让孩子在丰富、高质量的生活中学会构建和谐关系、开阔视野、培养才干、培养美德。

(三)家长应注意言传与身教相结合，严格要求与个性成长相结合。

三、改善教育方式

多项研究表明，诸多教养方式中，民主、温暖，加一定指导，是中国父母最好的教养方式。

常用的家庭教育方法包括：榜样示范，正面说理，潜移默化，奖励惩罚等。

父母每日必行的 16 种快乐生活教养技巧：1. 三次赞美；2. 赞美别人；3. 赞美与肯定；4. 父母接受孩子；5. 让孩子接受自己；6. 让孩子接受别人；7. 感谢拥有；8. 感恩援助；9. 感谢他人；10. 不要不讲理；11. 不做人身攻击；12. 拥抱；13. 爱的语言；14. 爱自己；15. 爱别人；16. 被子女爱。

如何赞美孩子：赞美是儿童行为发展中，最强效的正向增强物。孩子没有得到父母的赞美，就是一种惩罚，一种否定。赞美的技术，不仅只是说一堆好话来夸奖孩子，而须有效运用下面三种技巧：在"第一时间"给予即时的"一次赞美"，伺机给予"二次赞美"（告诉其他重要人物），向其他家人或外人给予"三次赞美"。

父母不但要赞美子女，还要教子女学习如何赞美别人。终极的赞美分成为两个阶段：第一阶段——赞美其言行：正向的、优良的、快乐的行为表现。第二阶段——肯定其人格：因为你是一个×××的人。

四、家庭治疗

家庭治疗是对家庭成员有规律地接触与交谈，促使家庭发生某些变化，使患者症状消除或减轻。

家庭治疗一般是由治疗者与患儿以及父母一起进行谈话、示范和讨论。治疗的目标是，促进家庭成员间直接、积极和建设性的沟通，围绕特殊行为问题进行讨论，解决冲突，改变僵硬、失调的相互作用方式。

家庭治疗原则：治疗者积极参与，依靠直接观察，用系统方式思考，着眼于当前，保持公正，不偏不倚，重视家庭成员能力，使其抱有希望，进行干预，促进改变等。

家庭治疗分两步：一是对家庭进行诊断评价，了解家庭交互作用模式、社会文化背景、代际间的结构、家庭对患儿症状的作用、家庭当前解决问题的方法等；二是进行定期访谈和布置家庭作业。可结合家庭游戏进行。加强对父母的训练。

1. 自控力训练

正确地表扬孩子、评价孩子，促进自尊心。

表扬原则：要有激情，具体化，配合非言语动作。

适当批评：关注孩子希望获得的关注，不关注不认可的行为。

惩罚原则：迅速，一致性，限制强度和持续时间，符合逻辑。

以身作则、树立榜样。

2. 家庭认知治疗：治疗的目标就是除去非理性、不合理的信念，并以正确的信念取代之。

非合理信念：要求绝对化，从主观愿望出发，常用"必须""应该"字眼；过分概括化，以偏概全，认为自己一无是处，或一味责备他人；糟糕透顶，悲观、绝望、不能自拔。

合理情绪疗法的 ABCDE 模型：

A-诱发事件　父母拒绝为女儿买电脑，尽管曾许诺过；

B-信念　女儿认为"父母出尔反尔，言行不一，不喜欢自己"；

C-后果　女儿感到愤怒、沮丧，对父母吵闹，发脾气；

D-辩论　有针对性地系统提问，使患儿认识到错误信念是反应的原因；

E-效应　改变信念，不良行为和情绪反应消除。

3. 家庭行为治疗：

正强化　运用喜好的刺激作强化物，以增加良好行为的出现率；

惩罚　施加惩罚物或取消正强化物，以减少不良行为的发生率；

负强化　除去厌恶刺激，以增加良好行为的出现率；

消退　停止强化使行为出现频率降低，或停止惩罚使原减少的行为又增加；

塑造　建立新行为，从不会到会，以增加行为数量和行为的力量与强度；

厌恶法　将厌恶刺激与不良强化物多次重复配对，使减少不良行为；

模仿示范　通过示范、观察学习来增加获得良好行为，减少消除不良行为；

指导　通过言语和书面指导以及身体接触上的动作指导，使个体控制行为；

代币法　用红旗等作代币当强化物来矫正行为，代币积累起来可交换糖果等；

自我控制　患儿自己对自己实施矫正程序，以抑制不良行为或增加良好行为；

系统脱敏　在放松条件下从弱到强呈现刺激或情景，以使个体逐步脱敏与适应；

生物反馈　通过电子仪器学会有意识地控制自身的心理生理活动。

五、非安全行为的辅导

（一）品行障碍：品行障碍是指 18 岁以下儿童或少年反复出现违反与年龄相应的社会道德准则或纪律、侵犯他人或公共利益的行为，包括反社会性、攻击性或对抗性行为。

（二）品行障碍的家庭原因：家庭教养不良和物质剥夺、亲情淡漠、亲子感情对立、敌视、袒护、家庭有犯罪成员、对子女缺乏适当监督和养护、父母不和与离异、虐待儿童等均与儿童品行障碍有关。心理创伤与冲突等。

（三）常见品行问题和辅导：

1. 攻击行为：是指基于愤怒、敌意、憎恨和不满等情绪，对他人、自身或其他目标所采取的破坏性行为。攻击行为经过适当干预可以减少。干预方法有家庭治疗、学校教育、示范和强化疗法等。要注意行为转换，开展体育锻炼，让愤怒的情绪得以疏泄。还要加强社会舆论监督和法律制裁措施。

2. 说谎：说谎是指儿童有意或无意讲假话。父母等成年人的不良言传身教，对儿童某些缺点采取过于粗暴的惩罚态度，会对儿童起到潜移默化的作用，使他们通过模仿学习或为了逃避惩罚，取得父母欢心、获得某些奖励而不惜说谎。

3. 逃学与离家出走：儿童的逃学多是由于厌恶学习、反抗教师或家长，以及贪玩等原因造成的。第一次出走如获得满足，以后会多次离家出走。父母要及时发现原因，和有关方面合作，劝说孩子回家，说清道理，消除误会，解决存在的问题，辅以心理行为治疗和教育辅导，以防再次出走。

3. 偷窃：偷窃行为是一种品行障碍，也是少年违法的重要表现之一。偷窃的干预需要家庭、学校和社会的共同参与和努力，从品德与法制教育入手，对偷窃行为及时批评。对偷窃癖患者可采用厌恶疗法和系统脱敏法。

4. 反社会行为：指的是违背社会公认的行为规范，做出对他人和社会造成损害乃至严重破坏的行为。心理因素对青少年反社会行为的影响：(1)父母教养因素。(2)同伴交往因素。(3)社会托养机构的经历因素。(4)课余时间的管教因素。(5)学习失败因素。(6)电视暴力、网络游戏因素。有三种心理特征促使他们形成反社会行为：自我中心；缺乏控制力；自我评价错误。家庭环境的影响尤为巨大。诸如虐待、教养方式不当、家庭暴力、家庭离异或变故、体罚、忽视、未婚母亲、家庭经济地位水平等，都有可能对其产生影响。

少年反社会行为的预防和干预：(1)家庭早期预防。(2)心理干预。(3)社会文化环境干预。在家庭干预方面，通过培训父母来改进他们对孩子的管教方式。在学校干预方面，对孩子进行干预时有必要与学校保持联络。在社区干预方面，针对学业失败、毒品滥用、违法犯罪等青少年采用特殊教育、戒毒机构矫正、社区矫正和回归社会劳动等多种家庭和社区联合措施来实施有针对性的帮助。

➤ 思考与互动：怎样做好家庭安全教育？请分享家教经验。

第四课　考试心理辅导

学习目标　　如何协助孩子做好考试心理调适？

案　　例　　考试焦虑

　　一位母亲向我陈述了高三女儿的奇怪考试行为，说女儿每次临考前都要去厕所3次，没有便意也要刻板地完成上厕所的行为仪式……母亲担心女儿以后参加高考的状态。这对母女的共同焦虑提示我们：考试心理辅导势在必行。

一、理解高考意义

　　高考对考生们的确是一次严峻考验，它不仅检测考生对知识的掌握程度，也考验他们的心理状态；不仅检测学校的教育质量，也考验家庭的参与水平。显然，在高考临近之时，请心理学家为考生进行针对性的心理辅导是明智的决策，但试图通过一次报告、一张心理妙方，就使考生们能站在人的毕生发展的高点上看待高考、看待自己12年寒窗苦读的意义，使之从浩如烟海的试题游戏中幡然省悟、突飞猛进，的确是一种挑战。

　　可以肯定地讲，**考试不仅仅考学生的知识，还考能力尤其是创造能力，考人的心理素质和健康心灵**。心灵健康就是精神或心理健康。哲学家说，心理健康的人除了自己以外，至少要爱一个人。若不爱别人，只爱自己，是可怜的"自恋"。连自己也不爱、带着"自损"倾向的人就更悲哀了。心理健康的人要有良好的心情和自我评价，要有高效率的心理与社会功能，要符合自己的年龄发展特征。说到底，心理健康是一种人生态度，是人的精神与社会生活质量的指示器。只有心理健康的人才能在高考或人生发展的重要关头做出恰当的选择。

二、考生的心理健康

心理健康是健全人格的反映，是各种人格特征的完备结合，主要表现有三：

1. 心理健康者内部心理和谐发展，机能高度发挥。他们的需要和动机、兴趣和爱好、智慧和才能、人生观和价值观、理想和信念、性格和气质都向健康方向发展。他们的内心协调一致，言行统一，有所追求，能正确认识和评价自己的所作所为是否符合客观需求以及社会道德准则，能及时调整个体与外部世界的关系，遇见挫折和痛苦能及时调适。

2. 心理健康者能正确处理人际关系，发展友谊。他们在人际交往中显示出自尊和他尊、理解和信任、同情和人道等优良品质。他们开朗、热情、坦诚，虚心倾听他人意见，在日常交往中不随波逐流，不孤芳自赏，能够使自己的行为与朋友、同学协调一致，对人际关系和社会适应能谋求建设性的改变。

3. 心理健康者能把自己的智慧和能力有效地运用到能获得成功的学习和事业上。在学习中，他们受强烈的创造性动机和热情所推动，有效地发挥自己的能力，勇于和善于创造，其成功会带来满足和愉悦，再形成兴趣和动机，使学习生活内容更加充实。

调查表明，多数高考的成功者心理健康水平比较高，但二者并没有必然联系。心理健康是一个相对标准，是一个动态发展的过程。不少往年的高考失落者，他们及时调整心态，吸取教训，努力进取，依然获得人生发展的辉煌业绩。也有少数大学生，虽然考取名校，但不注意自己的心理修养和心理健康的建设，结果沦落到与自己过不去的尴尬境地。因此，心理学家并不期望世人都达到完美无缺的心理健康顶峰状态，我们能做的是朝这个方向不断努力。

三、促进心理健康水平的方法

一是强化内部学习动力。学习需要有一个以内部学习动机为主的强大动力系统，要注意培养与激发自己的学习动机与兴趣，有明确的学习目标，让自己"跳一跳、够得着"。还要掌握科学的学习策略和方法，克服考试焦虑，正确归因成败，多作努力归因，少作运气和外部环境归因。

二是善于搞好人际沟通。要加强与父母、老师、同学之间的人际交往，从和睦的相处中获得真情体验。要学会换位思考，采取"你好-我也好"的交往模式对待他人。要学会用善意的眼光看待世人，发扬光大人世间的真、善、美。

三是注意完善自我意识。自我意识是人格的核心，也是心理健康最重要的内容。对自己要有一个正确、符合实际的评价，多看自己的优点，寻找良好、成功的自我体验，加强自控力训练，使行为更符合社会规范。

四是积极进行生活调适。生活态度反映着人的价值观念，要阳光地看待实际生活，增加自己的社会生活适应性，树立正确的消费观念，不盲目攀比，通过健康的休闲娱乐方式来调整身心，提高心理品位。

五是掌握主动应对方式。遇到冲突与挫折，要善于运用有意识的、主动的应对方式去面对，调整认知结构，用合理的信念取代不合理的信念，及时缓解冲突与矛盾，主动寻求社会心理资源与心理支持，摒弃消极、自暴自弃的回避方式。

四、考试心理调适

1. 注意提高复习效率：首先，要善于订好自己在考前的复习计划。许多同学说，总是计划很多，却不能按时完成。原因是什么？计划订得不合理。生疏的题目强迫自己去做，已滚瓜烂熟的内容还反复去背，这样的计划是愚蠢的，也是无法使自己满意的。其实，每个高中学校都有一套完备的应考计划，应根据大计划完善自己的小计划，要相信自己，你未复习到的，人家可能都未注意，你已经弄懂的，何苦反复去搞？要抓住整个学科的知识结构和重难点，尤其注重社会热点和"X"综合课程考试的知识联系与区别，考前做好几套应变各种试题的准备。其次，考前复习在安排上要合理，一般先密后松、先求解后求快，对那些"钻牛角尖"的试题，最好放弃。再次，要使自己的复习过程变得有刺激，可利用同学、亲子间的质疑、问答以及做题、朗读等方式，使复习有强化的功效。最后，要注意劳逸结合，根据大脑皮质镶嵌式活动的特点，安排不同课业内容轮换复习，可以避免复习疲劳感。有时看看媒体新闻，不仅可以缓解疲劳，还可开拓视野，激活答题的想象力和创造力。

2. 认真做好考前准备：考前要做好物质上与精神上的双重准备。在物质准备方面，须按规定备好考试用品，熟悉交通路线与中午就餐地点，一定要提前了解考试环境，确定教室、座位和卫生间位置。每年高考都会有一些考生因准备不足而出现失误，有的忘带准考证，有的误带通信工具，有的因座位找不到而干着急。曾经看过一篇报道，一位考研的学生，因找不到自己的座位而乘长途汽车回老家去询问父母自己考试的座位在哪。这不是喜剧，值得考生们深思。考前更要注重精神上的准备。考试前一夜要尽量安静放松，切忌通宵达旦急于补火，要避免高度紧张的脑力活动。

3. 沉着应试夺取高分：许多考试应对的书籍中都介绍了考前用呼吸训练使心情平静的方法。但在考生实际考试过程中，很少有人记得或有时间去"呼吸训练"。此时更需要考生注意力高度集中，呼吸训练是平时和考前做的，拿到考卷以后，要迅速把握试卷全貌，以便确定答题策略和时间。一般解题顺序是先易后难、从前到后。出题的原则通常也是前面的题目容易，难的题目放后面。为什么不少考生往往觉得第一题很难？这是因为焦虑心情所致。若实在不会做，可以放一放，等做到后面心情平静后，或许能激活自己答题的思路，再回头做也不迟。答题的全过程中要统筹兼顾，联系前后试题激活记忆。还要认真审题，充分利用已知条件，注意题述的要求和细节，预防"陷阱"和"干扰"答案。要克服不良定势，从表象看实质。一些考生看题囫囵吞枣、一目十行，看到似曾相识的题就贸然下笔，按过去的经验和定势做，结果吃亏不小。做题须从容，先求正确，再求速度，若速度太快，不正确的发生率会相应增高。有位考生告诉我，自初一某次考试未按时完成以来，他吸取了教训，考试速度越来越快。高考的一场模拟考试，他只用半小时就做完了。我很难相信，高考这重大的考试，出题者会设计半个小时就能做完的试题分量！当然，若是每做一题都谨小慎微、反复验算，时间肯定不够，效率也不高。答题时还要保持卷面清洁，给改卷者一个良好印象。如作文的第一自然段和最后一自然段尤其要写得精彩，开局引起悬念，结尾有所升华。考生面对考分要分分必争，只要不倒扣分，就勇于猜选。答题需要简明扼要、步骤清晰、写全过程。还要重视复查，重点是那些分值大、尚未肯定做对的试题。提前交卷无益，尽量坚持到最后一分钟交卷。

➤ 思考与互动：如何做好考生的家庭辅导？请分享家教经验。

第五课　孩子身心保育

学习目标　　怎样做好孩子的身心保育与教育？

案　　例　　贝贝终于能自己吃饭了

贝贝一贯的行为表现：要求别人给予过多的帮助和关注，以自我为中心，稍不顺心就发脾气和哭闹。贝贝的父母将贝贝视为掌上明珠，含在口中怕化了，捧在手中怕飞了。年逾花甲的奶奶也是溺爱贝贝的坚强后盾。贝贝在家过着饭来张口、衣来伸手、养尊处优的"小皇帝"生活。看来，导致贝贝过分依赖的主要原因在于父母的教养观念与方式。弄清了贝贝过分依赖的原因，我就开始实施"对因保教"措施。首先，取得贝贝父母的合作与理解，使家长对孩子的要求与幼儿园一致，尽量让孩子自己吃饭，学会生活自理。其次，采用"以儿童教育儿童"的方法，利用其他孩子良好的进餐行为进行示范，促进同伴之间的相互学习和交往，让贝贝建立羞耻心和荣辱心。安排贝贝与年长儿童交往，让他在哥哥姐姐的良好榜样强化下，习惯成自然。注意尊重孩子的主体地位，鼓励贝贝在一日生活中自主选择，培养他的独立意识，提供心理支持，增加自信心。对他合理的要求及时满足，对不合理的要求耐心疏导和解释，对他的无理取闹采用"消退法"，不予理睬，设法转移他的注意力，对他的点滴进步表扬、奖励。运用了以上综合的保教方法，贝贝终于能自己吃饭了，而且还具备了一定的生活自理能力。（郭询，华中师范大学教育科学学院）

把转变父母的教育观念放在首位。主动进行家园联系，做好家长工作，家长也会乐于合作。作者采用"以儿童教育儿童"的方法，尊重孩子的主体地位，满足孩子的需要，对无理取闹采用"消退法"，对进步行为及时奖励，这些保教方法是有借鉴意义的。从现代保育的大处着眼，从生活小事入手，给孩子更多的自主机会，培养他们自己的事自己做，可以预见，管教孩子的"困难"会愈加少，孩子发展的前途会愈加光明。（郑晓边主编：《现代幼儿心理保育与教育》，武汉大学出版社1999年版）

一、保育与教育

保教模式是指整合化的保育和教育的理论范式、目标与体系。保中有教，教中有保，保教结合，已成为当代幼儿保教工作者的共识。传统的幼儿保育模式重在幼儿生物病因的防治，它强调对幼儿实施计划免疫，使之"不患病，睡得安，吃得饱，长得高"。当代幼儿绝大多数是独生子女，他们在生理保健方面均能得到及时、足够的照顾，但仍有不少幼儿"营养不良""体弱多病"。究其原因，多数是因为父母的"溺爱"、不正确的教养、

"过高的期望"与孩子实际能力之间的差距等因素造成的，使孩子承受更多的心理社会压力，从而影响到身体的正常发育。现代幼儿除了生理上的需要外，还有心理上的多层次需要：他们需要"睡得香，吃得合理，长得美，玩得好"；他们需要更多的心理与社会方面的关心。因此，现代幼儿保教模式必须顺应这种变化，必须根据现代医学模式的理论框架建构新的幼儿保教目标与体系。

二、幼儿保教任务

现代幼儿保教任务至少包括以下十个方面：

1. 建立新的医学模式下的现代健康观：现代幼儿保教首先要研究医学模式的发展变化，解释生物—心理—社会医学模式与健康观对幼儿保教的意义，探讨影响幼儿健康的各类因素，强调预防工作的重要性，使保教工作能面向当代幼儿，面向未来。

2. 了解幼儿的优生和提高遗传素质的方法：要熟知遗传素质与教育的关系，了解多种遗传病的防治方法，了解优生与各类环境因素之间的相互关系，使当代幼儿通过优生保教为健康发展打下一个良好的生物基础。

3. 掌握幼儿生长发育规律：要熟知不同年龄阶段幼儿的解剖生理特点和发育标志，掌握幼儿生长发育的基本规律以及针对性的卫生保教措施，以促进幼儿躯体的健康发育。

4. 做好幼儿疾病防治工作：要掌握幼儿传染病预防的原则、措施与护理方法，明了预防接种的意义，熟知幼儿数种非传染性常见病的病因、表现和防治措施以及预防幼儿意外伤害和急救的办法。

5. 关注幼儿心理卫生：要掌握幼儿心理健康的标准与判断方法，探讨影响心理健康的内外因素，解释幼儿常见的心理行为表现，熟知幼儿心理防治的具体内容和技术。

6. 注重幼儿教育过程卫生：要了解学习时的大脑活动规律和卫生意

义，科学制定幼儿生活制度，提出幼儿各种活动的卫生要求，掌握幼儿体育锻炼的方法，探讨家园同步教育过程中的卫生问题。

7. 搞好幼儿营养与膳食卫生：要熟知幼儿营养的基础知识，掌握幼儿合理营养与膳食平衡的保教措施，了解幼儿膳食调配的要求与办法。

8. 创设良好的幼儿生活环境：包括幼儿园、家庭和社区相互联系的社会环境，使之成为幼儿喜爱和适应的学习生活乐园。

9. 加强幼儿健康教育：要熟知适合幼儿的健康教育的内容与方法，使健康教育能真正渗透到各种教育活动之中，让幼儿从小懂得一些基本的健康知识，具备良好的健康态度，形成健康的行为与习惯，从小逐步学习把健康掌握在自己手中。

10. 做好幼儿健康评估工作：包括身体健康评估、心理健康评估和环境评估。在身体健康评估方面，要掌握生长发育的评价方法，熟知适合家长使用的简便、易行的幼儿心理健康评价方法。

三、幼儿心理健康

1. 智力符合常态：智力正常是人们生活、学习和工作的基本心理条件。智力一般是指人的观察力、记忆力、想象力、思考力和操作能力的综合。常用智力测验得出的智商（IQ）来衡量人的智力水平。如最常用的《韦氏学前儿童智力量表》（WPPSI）将幼儿的平均智商定为 100 分，IQ 在 140 以上的称为天才，IQ 低于 70 的可能存在智力低下。群体幼儿的智力呈常态分布，即天才与智力低下者是少数，大多数幼儿处于中间状态。心理健康的幼儿智力是正常的，多数幼儿的 IQ 在 85 分至 115 分之间。他们能够适应幼儿园的学习生活，与周围环境取得平衡。天才幼儿的记忆力极强，对事物观察细致，想象力丰富，才智超群，有独立的、独创的、机敏的、充满活力的人格特征，识字多，学会说话早。但天才幼儿也有一些急躁、懒惰和喜欢狡辩的缺点，这些缺点就不能称为心理健康。智力低下的幼儿，社会适应能力差，常常不能适应幼儿园的集体生活与学习，心理压力大，健康难以维持，需要特殊的保教和护理。只要防护与训练工作做得及时，那些轻度智力低下的幼儿可望逐步适应社会生活与学习，即达到心理健康状态。幼儿正处在智力的迅速发展时期，为幼儿做智力测验，要考虑智力的年龄标准和发展效应，防止滥贴"标签"现象。智力测验的根本目的是为了帮助幼儿适应学习生活环境而制定因材施教的措施。不能把它只作为一个判断心理健康与否的标尺，而不顾"智力低下"标签对幼儿的发展效应和社会效应的负面影响。

2. 情绪稳定而愉快：情绪稳定，表示人的中枢神经系统活动处于相对平衡状态，愉快表示人的身心活动和谐与满意。心理健康者能协调、控制自己的情绪，保持心境良好，愉快、乐观、开朗、满意的情绪状态占优势。情绪异常往往是心理疾病的先兆。心理健康的幼儿以积极的情绪表现为主，充满了喜悦与欢乐，这样的情绪有助于提高活动的效率，多会受到家长和教师的表扬与称赞，而积极的情绪又得以强化，使孩子进入良性循环。幼儿也有喜、怒、哀、乐，健康的幼儿还会出现短时的消极情绪，如在受到教师的批评或家长的惩罚时会表现出哭闹、委屈等，这些情绪表现有助于他们不满情绪的发泄，有助于维护心理健康水平。但消极的情绪如果表现得太过分，太频繁，如焦虑、恐惧、强迫、抑郁等情绪反复出现，就难以称得上是心理健康了。幼儿的情绪处在发展变化过程中，家长要注意幼儿的情绪保教，为他们创设良好的情绪外部条件，让他们的各种情绪都有适当的表现机会，并注意引导他们逐步学会用理智控制情绪，变消极情绪为积极情绪。

3. 意志健全与行为协调：意志是自觉地确定目的并根据目的来支配和调节自己的行动，克服困难的心理过程。意志通过行为表现出来。意志健全表现在意志行动的自觉性、果断性和顽强性上。心理健康者在活动中有明确的目的性，并能适时作出决定而且自觉去执行，还能够保持长时间专注的行动去实现既定目标。行为协调是指人的思想与行为统一协调，行为反应的水平与刺激程度相互协调。心理健康者行为有条不紊，做事按部就班；行为反应与刺激的程度与性质相配。心理健康的幼儿 3 岁前就有意志的萌芽表现，能初步借助言语来支配自己的行动，出现独立行动的愿望。3 岁后，意志品质中的自觉性、坚持性和自制力得以发展，但总的说来，发展有限。意志不健全的孩子挫折容忍力差，怕困难，违拗，做事三心二意，注意力不集中，缺乏自控力；在行为表现上前后矛盾，思维混乱，语言支离破碎，做事有头无尾，行为反应变化无常，为一点小事可以大发脾气，或是对强烈的刺激反应淡漠。因此，要注意从小培养孩子的健康意志品质，提高他们的自制能力，并训练他们形成良好的行为与习惯，学会对生活环境中各类刺激的正确应对与反应。

4. 性格与自我意识良好：性格是人的个性中最本质的表现，而自我意识在性格的形成中起着关键的作用。性格良好反映了人格的健全与统一。自我意识良好主要指自我评价符合实际，有一定的自尊心和自信心。幼儿的个性虽然没有稳固形成，但已表现出一定的性格特征。心理健康的幼儿性格相对稳定，开朗、热情、大方、勇敢、谦虚、诚实、乐于助人；在自我意识上，开始正确认识与评价自己，自尊感在发展，寻求独立性，对自己充满了信心。而心理不健康的幼儿性格发展不良，表现出胆怯、冷漠、吝啬、孤僻、敌意、自卑、缺乏自尊心。幼儿的性格可塑性很大，要注意从小培养，尤其在自我意识方面，要让他们学会正确认识和评价自己，多给他们以成功的机会，以表扬为主，对挫折与失败不要过分求全责备，以增进他们的自尊心与自信心。

5. 人际交往和谐：人际交往和谐是指能与人友好相处，关系协调，共享欢乐。人际关系代表着人的心理适应水平，是心理健康的一个重要标志。人际交往不良，常常是产生心理疾病的主要原因。幼儿的人际关系主要是指幼儿与家长、教师以及同伴之间的关系。从这些人际交往中，可以反映幼儿的心理健康状态。心理健康的幼儿乐于与人交往，善于和同伴合作与共享，理解与尊敬教师，待人慷慨与友善，也容易被别人理解和接受。心理不健康的幼儿不能与人合作，对人漠不关心，缺乏同情心，斤斤计较，猜疑，嫉妒，退缩，不能置身于集体，与他人格格不入。幼儿的人际关系虽简单，但交往的技能较差，需要逐步地教育训练。家长要鼓励孩子多与其他小朋友一起玩耍，让孩子们在共同的游戏活动过程中交流思想与情感，遵守活动规则，学会一定的交往技能。教师在培养幼儿人际交往方面，要做好示范，充满爱心，建立良好的师生联系。

四、幼儿心理行为问题预防

对幼儿心理行为问题进行早期预防，投资少，受益大，效果好。目前强调三级预防。

1. 第一级预防

第一级预防是指提高幼儿心理素质，消除病因。这依赖于社会、托幼机构和家庭之间的共同合作参与，控制生物—心理—社会病因，防患于未然，避免幼儿心理问题产生。

在家庭预防方面，从胎儿开始，做好围产期保教，预防感染，加强营养；提供和睦的家庭环境，对孩子的教育要一致，不溺爱，不歧视，满足孩子的心理需要，提高家长对孩子的教养水平。

在托幼机构预防方面，要使教育计划、教学方法、作息制度和行政管理各个环节都有利于幼儿身心发展，通过对幼儿的心理卫生教育，增强他们的心理自我强度，提高其心理健康水平。

在社区预防方面，开展广泛的宣传教育，加强幼儿心理问题防治的立法，逐步建立市、区、街(或县、乡、村)三级防治网络，培训各类幼儿心理保教人员。

2. 第二级预防

第二级预防是指早期发现、及时治疗心理异常幼儿。对心理行为问题发现越早，干预治疗越及时，效果越好。第二级预防的工作重点是幼儿园和家庭。要制定幼儿心理行为筛查制度，对智力、心理状态、行为表现、发育史和家庭环境定期监测，建立心理行为档案，发现问题幼儿，及时请

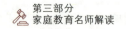
专家诊治。对那些"高危"幼儿(心理发育偏常，早期经历创伤，家庭背景不良等)要重点防护。幼儿园可以开设幼儿行为咨询室、幼儿特殊教育训练班等，家庭也需积极配合，为问题幼儿提供及时服务。

3. 第三级预防

第三级预防是指减轻患儿的损害，促进康复。第三级预防的工作主要在医院、康复机构和家庭进行。对患儿要精心指导、训练和护理，使问题得以纠正，减少后遗症的发生。还要注意消除对患儿的社会偏见与歧视，保障他们的合法权益，使之正常生活。家庭环境的改造尤为重要，家长是孩子责无旁贷的监护人，应当积极参与配合，坚持对孩子进行长期、细致的家庭辅导训练，使他们逐步康复。

➤ 思考与互动：如何促进孩子健康成长？请分享家教经验。

第六课　培养会学习的孩子

学习目标　　如何培养会学习的孩子

案　　例　　如何帮助学习困难的孩子

一位小学四年级的胖小子因常常被同学讥笑和排挤而不愿上学，学习困难。家长把他转到另一个学校就读。班主任老师根据孩子的情况，与家长充分沟通与合作，有针对性地实施了心理辅导计划，让孩子兼任班干部，学习与同学和师生交往。结果没用几年时间，胖小子学习进步，学校和家庭生活愉悦，还当上了学习委员。

一、学习的影响因素

学习是个体经由演练或体验而产生持久改变的历程。学生的学习成就

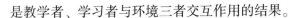

是教学者、学习者与环境三者交互作用的结果。

影响学习效果的因素可以归纳为三个主要因素：

（1）学生的特质：学生本身的知觉、知识、智慧、认知风格、人格、动机、读书习惯与方法等，与其学习成就关系密切。

（2）教学的特质：教师的教学层次、进度、结构、解释、热忱、同理心与教学方法及教辅器材的使用等，对学生学习结果有影响。

（3）机构或环境的特质：情境因素与学习效果有关，如学习回馈、学习负担、学习自由度、学习题材的使用等。

二、学习辅导

"预防胜于治疗"。学习辅导主要是引导学生对学习有正确的认识。可以向学生介绍各种学习要诀，激发学习动机，培养良好的学习习惯与态度，养成乐于学习、知道如何学习的心态。落实学习辅导最好的方式是透过精心设计的活动，引导学生正确愉快地学习。

学习辅导要点：

1. 适应学生的个别差异，制定合理的期望水准并因材施教。

2. 提供多方面的学习机会，使学生有充分发展的空间。

3. 加强学校、家庭及社会机构之联系。

4. 塑造民主、自由、尊重与接纳的学习气氛。

5. 依据学生身心发展历程，拟定辅导计划。

6. 以持续一贯的辅导历程，达成辅导目标。

7. 多鼓励，少责骂，以关心来建立儿童的信心。

8. 利用家庭访视或联络簿的方式，了解学生的学习状况。

三、学习困难

"学习困难"是教育学上的称谓，是指那些难以适应正常的教育环境，跟不上常规教育进度，学业成绩明显落后于正常儿童，而智力又基本正常的学生。

（一）学习困难的表现

1. 朗读方面：混淆字母、音节和单字，符号倒错。
2. 默读方面：读错地方，追视文字能力差。
3. 视知觉方面：视觉记忆力、排序力、分辨力差。
4. 听知觉方面：听觉记忆、排序、分辨力差。
5. 动作能力：缺乏触觉敏感性和分辨力。
6. 语言能力：说话发展异常或迟缓，口吃，构音不清。
7. 空间关系能力：缺乏空间位置感和方向感。
8. 时间关系能力：缺乏律动感和同步感，时间定向力差。
9. 社会与情绪行为方面：挫折容忍力低，人际关系不良。
10. 生理与动作行为方面：平衡力差，身体姿势不正。
11. 认知行为方面：记忆力差，不理解符号的意义。
12. 注意力方面：专注力差，注意广度狭窄，多动不宁。

（二）学习困难的评价

学习成就测验，主要测查儿童口语表达、听力理解、写作、基本阅读技能、阅读理解、数学计算和数学推理几个方面，学习成就测验还包括学科测验和入学、升学、毕业考试等，学习困难儿童的成就测试结果明显低于正常同龄儿童；

智力测验，如运用韦氏智力量表评定儿童言语智商和操作智商，分析智力结构是否均衡，以排除智力低下的患儿，学习困难儿童的智力一般接近正常(按照狭义的学习困难定义)；

神经心理学和行为量表评定，多数学习困难儿童会存在一些阳性结果，提示了学习困难的病因与防治重点。

(三)学习困难儿童的训练

学习作业技能训练，它主要是针对学业性学习缺陷的一类儿童。具体做法是将儿童学习时感到困难的技能用目标分析的方法，把它分解成更简易、更细小的分项技能，然后逐项教给儿童，最后指导儿童将分项技能串联成复杂的技能。

内在心理过程训练，它针对发育性学习缺陷的患儿。重点在于矫正内在心理过程的缺陷，如注意力、知觉动作、记忆、思考等缺陷，以免它们妨碍学习。此法的主要问题是训练的成效不易评估，因为内在心理过程经训练后，不一定表现出迁移或类化功能。如训练儿童记忆图形，是否能迁移到文字记忆上还不能确定。因此，有人提出将作业训练和过程训练相结合。

过程-作业训练，即结合上述两种训练方法，先了解儿童缺乏哪些学习技能，再分析内在心理过程的缺陷，然后矫治心理过程缺陷，并对学业性的学习技能进行训练。

四、如何消除厌学

厌学症是指患儿长期以来，在读书学习上不能专心，效率低，易健忘，成绩差。主要表现为注意力不能集中，思想走神，心烦意乱，坐不住，无耐心，尤其是对书写、计算有厌烦心理，作业拖拉，难以按时完成，字迹潦草，经常出错。虽经教育难以改变，严重时出现说谎、逃学、出走。

（一）形成原因：1. 自身因素：缺乏正确的学习目标和学习动机，缺乏良好的学习习惯和方法，人际交往问题，因厌其师而倦其道。2. 家庭因素：家庭教养方式不当，过分看中分数。3. 学校因素：教育观念，教育教学方法，教学内容，师生关系。4. 社会因素。

（二）厌学的表现：不愿意去学校上课，常常无故旷缺课，借口请假，人在教室心在外，伏桌睡觉或恶作剧，干扰课堂，不愿听讲，不愿做笔记，课后不愿复习和做作业，进课堂发呆，见作业就烦，头疼，坐立不安，对考试、测验无所谓，幻想离开学校、离开课堂、离开老师、离开作业、离开考试，做一些不动脑不费力的事，总想冲破校园纪律，自由自在。空虚、孤独、无聊。经常吸烟、玩电子游戏、上网等。

（三）消除厌学的对策：1. 父母对子女学习状态的估计要客观，期望要合理。2. 帮助子女树立必胜的信心。3. 父母要创设一个宽松的家庭环境。4. 利用多种途径，培养学习兴趣。

五、考试紧张

考试是在竞争状态与一定压力条件下进行的教育与心理活动，大多数学生在应试的时候都会产生紧张情绪，即焦虑。适度的考试焦虑，对唤起大脑皮层的兴奋，集中注意力，活跃思维有积极作用。过度的考试焦虑则会导致学生认知能力下降，干扰正确的分析和判断，影响学习成绩，并对健康造成严重威胁。考试焦虑主要表现在迎考及考试期间出现过分担心、紧张、不安、恐惧等复合情绪障碍，还可伴有失眠、消化机能减退、全身不适和植物神经系统功能失调症状。严重者可发展为精神障碍。

（一）考试焦虑的原因：自我认知因素，考试动机过强，期望值过高，考试阴影，考试准备不充分，考试技巧不足，外界压力因素，大脑疲劳。

（二）考试焦虑的表现：1. 情绪激动、慌张，不能自制。2. 注意障碍，即注意力集中不起来。3. 感知障碍，如视听困难、感受性降低，甚至把试题要求看错。4. 记忆障碍，即平时熟记的东西回忆不出，但一出考场又能想起。5. 思维迟钝、混乱。

（三）考试焦虑的诊断：1. 对求询者的情况作全面的了解和分析。2. 找出求询者考试焦虑形成、发展的轨迹。3. 适当运用自陈量表法，增强诊断的准确性和科学性。

（四）考试焦虑的治疗：1. 系统脱敏法 2. 认知疗法 3. 观察学习治疗

（五）提高学习技能以抵御焦虑

（六）考试焦虑的预防：1. 端正考试动机，减轻心理负担。2. 做好充分准备，形成良好状态。3. 冷静处理"怯场"。4. 正确分析影响考试成绩的因素。5. 相信自己，争取成功。6. 眼光放远，不怕失败。7. 调整目标和自我期许。8. 开动脑筋，增强考试中的应变能力。9. 把握可以把握的。10. 适当宣泄。

六、多动症

多动症与学习困难密切相关，是发生于儿童时期、以长期持续、显著的注意力不集中和活动过度为主要特征的一组综合征。病因未明，预后大多良好，少数有行为和性格障碍，并持续至成年。国内报道本症患病率为 1.3%~15.87% 不等，男孩多于女孩，二者比例为 3—10∶1，起病年龄以 5—8 岁多见。多动症有很多同义词，儿童活动过多综合征，脑损伤综合征，轻微脑损伤，轻微脑功能失调（MBD），多动伴品行障碍，注意缺陷障碍（ADD），注意缺陷障碍伴多动（ADDH）等。近几十年来研究发现，轻微脑功能失调（MBD）和多动症不是完全等同的概念，二者之间未见有任何特殊的因果联系，许多多动症患儿并未发现有任何脑损伤的病史或体征，许多脑损伤的患儿也未见有多动的症状。

1. 多动症患儿的主要表现有：

注意障碍，注意力涣散，易分心，做事有始无终；

活动过多，在需要安静的场合下过度活动，小动作多，不能遵守集体活动秩序和纪律，扰乱别人；

任性冲动，自控力不足，易激惹，情绪不稳，做事冲动，不顾后果；

学习困难，有人认为这是继发表现，患儿智力正常，由于注意力不集中和多动而影响学习，导致成绩差，少数患儿有认知功能缺陷，产生阅读、绘图方面的困难，或动作笨拙和不协调；有的表现出神经发育障碍或延迟的症状。

上述症状中，注意障碍和活动过度被认为是多动症的主要症状。

2. 多动症的病因未明，有人认为是多基因遗传，中枢神经系统成熟延迟，大脑皮层觉醒不足；有的认为是生物化学因素影响，如锌、锰缺乏，铅、镉过多，食品调味剂和人工色素的滥用，维生素缺乏，荧光灯中的 X 线等都是可能病因；围产期的损害会产生轻微脑损伤；家庭环境不良与教育方式不当可成为本病的诱因。多数学者的看法是，多动症不是由单一因素造成的，而是由生物、心理和社会多种因素协同作用而产生的综合症状。对多动症儿童学习动机的研究表明，患儿的学习成功动机弱，学习不认真，自觉性较差，自信心不足，上进心不强，竞争意识及自制力较差。

3. 多动症的诊断主要依据老师及家长提供的病史，必须同时具有显著的注意力不集中和活动过度，并结合临床评定的结果包括体格检查、神经精神系统检查等来作出。量表评定有助于诊断，如儿童行为量表(CBCL)等。

4. 对多动症患儿的防治主要采用教育和心理行为疗法。

教育上，要坚持长期、正确、有针对性的教育，具体要求是，找出病因，对患儿不苛求安静，要求简单明确，对正确行为给予鼓励，合理安排活动，使患儿过剩精力有出路，家长与教师相互合作，耐心施教，不迁就，不歧视。

在心理行为治疗上，可用强化法、家庭治疗和认识疗法等，如进行"自我陈述训练"。药物治疗一般不主张对幼儿采用，利他林(Ritalin)等必须服用时须遵医嘱。

> 思考与互动：如何做好学习困难孩子的家庭教育？请分享家教经验。

第七课　与孩子共同成长

学习目标　　如何培养孩子的交往能力
案　　例　　地铁抢座位

那天在地铁上，遇到一个上小学的男孩子给母亲和奶奶抢座位，一人先霸占三个位置。我站立一旁有意"敲山震虎"："孩子，你蛮会抢座位的啊！"一旁落座的奶奶马上提醒我说："这孩子有病，你莫说他。"孩子的母亲在享受座位的同时也对孩子说："今后要尊敬老人，学习让座……"这种情形让人无语。这样的三代家庭教育怎能培育出有良好行为习惯的社会栋梁之才？

一、儿童社会性发展

儿童社会性发展是指儿童学得以合乎社会期望的方式表现其行为的过程。儿童的社会性发展和其社会化程度有关。

充分社会化的儿童能够和他人和睦相处，会参与团体活动，和他人合作共事，分担责任，获得团体的归属感，并感受到自己在他人和团体中的重要性。

社会化不够充分的儿童可能成为"非社会"或是"反社会"的人，这样的人可能无视他人的存在，逃避和他人互动，或是以破坏性的方式（如攻击、报复）造成对自己和他人的伤害。儿童早期的社会发展和其人际经验有关，尤其是他和家人或保姆的互动经验，更具有决定性的影响。

儿童利社会行为的发展是这个阶段发展性辅导应强调的重点。所谓利社会行为是指能够做出有利于他人的行为，包括帮助他人、利他行为、和别人合作、分享等。

二、社交技巧训练

1. 社会知觉训练：透过活动及录影带，教导儿童使用自我教导的方法，提醒儿童注意互动过程中各种口语、非口语的线索，作为判断别人行为意图的参考，避免太快做判断以至于误解他人。

2. 正向自我教导训练。以儿童经常产生社会焦虑的人际情境作为练习情境，拍成录影带或写成故事，反复让儿童练习使用正向的内在语言，以减轻其与人互动时所可能产生的社会焦虑。

3. 应对冲突技巧训练。系以同伴冲突情境做练习，让儿童可以学习以适切的行为来面对同伴批评、表达自己的不满、面对他人故意阻碍、处理同伴间的意见不一致、面对同伴压力及给予同伴正向回馈等技巧。

4. 建立友谊技巧训练。透过角色扮演及给予家庭作业方式，练习自我表露与倾听，应用开放式问句及对方已呈现的谈话内容，主动加入谈话或活动，主动引发交谈、主动提出邀请或请求，及给予他人正向回馈等技巧。

三、亲子关系辅导

（一）亲子关系的特点：1. 血缘性与权威性　2. 教育的长期性与渗透性　3. 情感无私性与亲切性。

（二）亲子关系的作用：1. 直接影响儿童的情绪情感　2. 影响幼儿个性的发展。

(三)良好亲子关系建立：1. 父母行为咨询和控制：自身提高，态度改变。2. 亲子沟通法。3. 角色互换。

案　例　　孩子对亲子关系的反思

从小到大，除了回家帮农忙，我从来没有逃过学，这次是第一次。就是因为一句话，父亲无意中说了一句："家里没钱了……"刚刚收完庄稼，他们来不及休整，父母亲便把手头上仅有的 3000 块钱全买成了波尔山羊，希望能够卖个好价钱。他们知道我心小，装不下什么负担，便商量不要告诉我，为此，母亲还狠狠地骂了父亲一顿："好好的让孩子念书就行了，读到高三了容易吗？一把年纪了连自己的嘴都管不住……"

我不怪父亲，虽然我还没有满十八岁，我想我有责任分担这个家庭的喜忧，若不是为了我们姐妹三个读书，家里也不至于落魄成这个样子，在村里人或歧视或嫉妒的目光里，父母能撑到今天，实在是不容易。于是，我和父母说："爹，我不念了……"他只是愣了一下，什么也没有说，仍旧嚼着咸菜喝着从集市上买来的最便宜的老白干，许久，才说了一句："好吧，你没有放过羊，就在家里和我放羊吧。"本想他会大发雷霆的，没想到他能说出这么平静的话来，我倒不安起来了。

我穿上了破旧的大棉袄，围着头巾，和父亲一起在树林里、田野上赶着羊群串来串去。他很少和我讲话，都是看着羊群发呆，或是给最小的羊专门捡青色的野菜。想到自己的梦竟然这么轻易地碎了，再也见不到那群可爱的同学和书本，还有敬爱的老师和那段指点江山、激扬文字甚至是为赋新词强说愁的生活，这片曾经让我深爱的田野，居然那么陌生起来。

下雨了，很冷。父亲仍旧像原来一样嚼着咸菜喝着老白干，一成不变的是他的缄默。母亲也默默地往柴灶里面填着柴禾，许久，她说："明天天晴了就回学校去吧，老师和同学们肯定都惦记着你呢，家里没有钱，但不是有一屋子的棉花还没有卖吗？我们都不怕，你担心什么，我们的任务就是努力赚钱，实在不行了你们靠自己，而且我们可以再去借嘛！你的任务就是读好书，完不成任务可不是我们的错。"我一言不发，眼睛看着煮粥的锅里冒着热气。父亲一口气喝干了杯子里的酒，瞪了一下眼睛："别说了，我们知道你念书辛苦，知道你为家里人着想，可是你知道你娘在家里撑得多么不容易！身上有病不用说，别人的嘲笑和讥讽就足够承受的了。我和你娘独不怕穷，别人怎么笑话我们都不怕，因为知道你们姐妹三个争气，方圆十几个村子里，有几个家里供三个女孩子读书到大学的？要不读早说，干吗到关键时刻退缩了？这么点小挫折都顶不住，以后还想成就什么人才，真是笑话……"我什么也说不出来了，端起碗，豆大的泪珠滴在滚烫的粥里，是一种无奈，是一种辛酸，还是一种对现实的恐惧，我自己也说不清楚。

于是，我又回到了学校。生命中有点与众不同的东西，特别是苦难，未尝不是一件好事，也许只有这个时候，我们才真正懂得珍惜，懂得"相信生命，总有晴天"的含义。

我深深地感激我的那些朋友、老师、亲人。伴随着这种感恩的心情，我希望自己能过好每一天，对得起爱自己的人，也对得起自己。（马圆圆）

【专家点评】我比较喜欢这样带着感情写的文章，是一位大学生对家庭成长和亲子关系生活的回顾。从她的字里行间，可以看到她对父母的感同身受，这些感悟显然来自父母的日常言行和与孩子的互动方式。亲子互动是双向的，除了父母需要学习一些正确的家庭教育方式外，让孩子领悟父母的教养意图，学会感恩，也是亲子关系辅导的重要目标。

（案例选自郑晓边著：《心灵成长》，安徽人民出版社 2006 年版）

四、师生关系辅导

（一）影响师生关系的因素：1. 相互认知的影响　2. 师生个性特点的影响　3. 教师领导方式与态度的影响　4. 男女教师性别、心理特征的影响　5. 师生交往时空的影响。

（二）不良师生关系的成因：1. 教师的教育观念因素　2. 教师的情感

因素   3. 教师课堂管理能力水平较低。

(三)良好师生关系的建立：积极参与家长会，善于学习沟通，尊重教师，言传身教等。

案　　例　　学生对老师的歉意

记得那一年，我小学毕业，跨进了初中的门槛。第一次走入那样的一个校园，也是第一次离家这么远。上第一堂课的时候，我哭了。直至今天，我依然无法理解当时的那种情不自禁，但那一幕仍旧是清晰的。我一个人静静地坐在角落里，懒散地趴在桌子上，忽然听见老师说让我当学习委员，顺便让我站起来让其他同学认识认识。由于注意力不够集中，我当时压根儿就没听清楚老师在说什么，人一下子就愣了，傻傻地望着老师，只听见旁边的两个女生说，这人怎么哭了，真是没见过世面。我一低头，无辜的泪水就流了下来。然而老师并没有为难我，只是说，人都要学会长大，学会承担，学会照顾自己，学会不要让任何一个亲近自己的人担心。我很感动，至少第一次离开家，伤心的时候有人给了我鼓舞。就这样，在那位班主任老师的格外关照下，初一平凡而又顺利地结束了。那一年我没有留下遗憾，甚至在心里还有几分成功的喜悦。

可是初二刚开始，我就感觉从此我的人生不会一帆风顺了，至少在初中这个阶段。因为我原来的班被分流了，而我很不幸地被分到了一个传说中的烂班。一个学习和纪律都让校长头疼的班级。听到这个消息我懵了，当时就对自己说，完了，在这样的环境中学下去，我还能指望什么呢？所以我鼓起勇气和另外一个同学来到了现任班主任的办公室。

"老师，我想换一个班，可以吗？"我开门见山，也小心翼翼。

"怎么了，我们班不好吗？"他笑嘻嘻地说。

"不是，只不过我不适合于这样的环境。"

"是吗？那你们到是说说我们班是个什么样的环境呢？"他依然是满脸的笑容。

"你们班……学习氛围不够浓，课堂纪律太差，调皮捣蛋的学生太多了。"我开始觉得自己好委屈。

"其实，换班是不可能的，不过班级管理日后肯定会加强的。"他开始变得严肃了。

"可是，你都管理一年了，不还是这个样子吗?"我感觉眼睛红红的，也不知道哪来的勇气敢这样顶撞老师。

"这是学校的安排，你既然已经分到这个班，就不能随便调动，否则，人人都像你这样，不是都乱套了吗?"

"可是，可是……"

"好了，好了，你们两个先回去。有什么要求和建议以后慢慢提出来，我一定尽力满足。"他脸色变得更加严厉，但我分明能感觉得出他的真诚，只是当时我难以接受，也没有用心去想。

走出他办公室的时候，我的眼泪一滴滴地打落在地上。我好想回头告诉他:"你没有我以前的老师好。"可是我没有，我也不敢。可是在我心里有着一种无法说出的怨恨，虽然我不知道这怨恨归谁。

后来的几天里，我过得很颓废。无论上什么课，我都打不起精神来，尤其是上班主任老师的课，我只会用眼角的余光去窥视他的存在。剩下的时间我也不知道自己在干什么。下课后，他仍旧是经常让我去他办公室，说一些鼓励我的话，告诉我不要为了一点小事而损害自己的前途。每次我都是一言不发地走进去，然后低着头走出来。不见他的时候，我过得很潇洒。换句话说就是内心空虚，表面上故作清高。而他的话对我有没有影响，我当时真的没有多想。但由于我的固执，我也一直没有向他妥协。甚至，在一次班委改选时，同学们推选我为理科课代表。他征求我的意见时，我说:"没兴趣。"他说:"你初一的时候不是干得挺好的嘛?""可是人是会变的。"我理直气壮地说。"可是，人只能变好，却不能变坏。"他大声吼道。头一次听他这么大声，我害怕了，也默默接受了。虽然是那么的不情愿。

但是，万万没有想到，那一次是我最后一次见到他，跟他顶撞。后来我没有再见过他，我们班也换了新的班主任。但是不知道为什么我高兴不起来，反而有一点失落。私下里听同学们说，原来的班主任病了，休假一年，如果治不好，怕是不能回到教师这一岗位了。我听后感觉怪怪的，鼻子酸酸的。也许是日后逐渐成熟，我才明白原来他的离去对我来说竟然是一种莫大的损失。

时至今日，我依然没有再见过他，也许他早已不记得曾经有我这样一个固执的学生，但在我心里，一直留着深深的歉意。（陈丽芳）

【专家点评】作者是师范大学的学生，为什么还记得年少时遇到的那个班主任？是因为班主任的拒绝？还是批评？我猜想这些都不是，而是作者的个性和责任感使然。尽管教师是学生的再生父母，教师的一言一行会对学生产生终生影响，但影响的正、负性质还取决于学生的知觉体验。随着年龄的增长，学生对教师言行的体会才能逐渐深入。也许只有自己走进教师行业的那一天，你才会明白当年教师的一片良苦用心。我相信，童年时代的教师已经教给了作者为人处世的法宝和生活哲学，它会在作者今后教师生涯的路上发挥越来越重要的影响。

（案例选自郑晓边著：《心灵成长》，安徽人民出版社 2006 年版）

五、同伴关系辅导

(一)同伴关系的作用

1. 使儿童摆脱了"自我中心"化的倾向，发展了良好的社会行为。

2. 有助于儿童形成自己独特的行为模式。

3. 帮助儿童形成和确立其社会角色或性别角色。

4. 有助于儿童形成良好的品质和行为习惯。

5. 促进儿童良好情感的发展。

(二)同伴关系不良的原因：1. 儿童的特异特征。2. 社会交往技能差。3. 家庭因素。4. 教师影响。

(三)解决同伴关系不良的途径：1. 培养良好的心理品质。(1)游戏表演，激发友情。(2)创设环境，促进合作。(3)悉心引导，培养谦让。2.

鼓励孩子与各年龄段伙伴交往，参与社会实践活动，互帮互助。

案 例 同学之间的相互比较

她在父母亲的陪伴下来到心理辅导室，向我申诉她的痛苦。

"我最近两周睡不着觉。"

"为什么？"

"因为……"她迟疑地望着母亲。

"半月前女儿考试成绩下降。"

"成绩下降？"我希望她自己申诉而非母亲的帮助。

"物理考得不好，只得了 125 分。"

"别人比你考得好？"

"是啊，他凭什么比我高 2 分？"

"他是谁？"

"他是女儿的竞争对手。"母亲迫不及待地插上嘴："女儿在理科班每门功课总是第一名，这次那个男生超过了她，还嘲笑她丑，她就睡不着了。"

"你觉得他不该超过你？"

"就是！他学习的时间比我短，玩的时间比我长，为什么还考得比我好？"

"你期望怎样？"

"我虽丑，但……我必须超过男人的一切！"

从她那双炯炯发光的瞳仁里，我看到的只有偏执而非雄心壮志。此刻，我才注意到坐在一边的她父亲，一位老实巴交、沉默寡言的人。我想，不防让女儿表现一下对父母亲的态度，也许会发现问题的真谛？

"你是否需要单独和我谈谈内心的想法？介意父母亲在这儿听听吗？"

她摇摇头，对着父亲向门口努努嘴，仍然没有言语。父亲知趣地站起身，灰溜溜地走了出去。

此刻，我觉得心酸！却没有发现母女脸上有任何变化。也许这位父亲已经习以为常地生活在以女人为中心的屋檐下？也许"超过男人一切"的誓言在这个家庭成了固定化的清规戒律？

显然，女儿像母亲，女儿学母亲。要解决女儿的问题，必须调整父母的教子态度和期望值！

【专家分析】成功也可能是失败之母。从小忽视心理素质的修养，树立不切实际的奋斗目标，不合理看待自己，唯分数而学习，不善于同他人和社会交往，最终结局可能是悲哀、痛苦的。不少学生怨恨父母的无能和卑贱的社会地位，过分运用心理防御机制，为"出人头地"而念书，带着错误的信念：一旦不能出人头地，念书还有什么意义？念书达不到目标，活着还有什么价值？这样的错误逻辑推理，常常是那些学习尖子生脑海中固有的思维方式。

人的思维受人格的影响，自我意识又是人格的核心部分，它包括自我认识、自我体验和自我控制，人的心理痛苦常常来自对自我的错误评价。"长得丑"，对某些影视明星来说并不是一个令人憎恶的事情，但对某些自我意识脆弱者的"作用"却太大了，它会动摇人的学习目标，影响人的交往，最重要的是使自我印象崩溃！没有正确的自我评价，哪有良好的自我体验？没有良好的心情，哪能理智地控制自己、取得好成绩？

我建议这位重点高中的尖子生：要学会正确认识自己、他人、女人和男人，积极悦纳自己的身心特征，理智控制自己的行为，努力超越自我，建立合适的学习目标，把个人的理想、信念和父母的期望以及国家的需要结合起来，善于学习人际交往技巧，主动寻求心理支持。学习尖子生更要正确对待"优秀"与"失落"，正确看待成绩分数，结交几个知心同伴，有苦恼及时疏泄，系统学习心理保健知识，掌握应对压力的有效办法，冲破心理樊篱，走出自我困惑，巾帼须眉比翼双飞。当然，心理保健需要自我的努力，还需要父母、教师、同学乃至全社会的共同努力。唯其如此，才能变失败为成功之母，变成功为更大的成功之母！

（案例选自郑晓边著：《心灵成长》，安徽人民出版社2006年版）

六、不良个性辅导

(一) 嫉妒心理

嫉妒表现：因别人学习好而嫉妒。因别人受表扬而嫉妒。因别人受到老师重视或与老师关系好而嫉妒。因同学之间的亲疏而嫉妒。因别人有较好的衣服、文具等而嫉妒。

消除嫉妒的措施：了解孩子嫉妒的起因；倾听孩子的心理感受；帮助孩子正确分析与他人产生差距的原因；培养孩子养成豁达乐观的性格。

(二) 克服自卑

自卑者特点：消极看待问题，凡事总往坏处想。多疑，对别人和自己的信心都不足。高兴不起来。老是想扫兴的事。不愿意改变，不愿意尝试新事物。意志消沉。

自卑的形成原因：经常数落孩子。家长过高的期望。把孩子放入横向或纵向比较中。家长包办代替过多。

克服自卑的措施：帮助孩子全面地、辩证地看待自己，正确地认识、评价自己。协助孩子学会正确地归因。提高孩子自信心。让孩子体验成功。运用积极的自我暗示。帮助孩子建立新的兴奋点。鼓励孩子正确地补偿自己。注意自我激励。指导孩子选准参照系。

(三) 孤立行为的辅导

孤立行为常在课间休息时间或课堂上分组学习活动时显现，有些学生的孤立状态是被动形成的，有些是主动形成的，因为焦虑害怕，主动拒绝他人的邀约，终至失去朋友，自我孤立，常孤鸟单飞。孤立行为的形成原因：相貌殊异；社交焦虑；偏畸习僻；缺乏社交技巧；受到不当的惩罚。

辅导策略：仔细观察，审慎诊断，找出他被孤立或自我孤立的原因。采取必要措施修正其被孤立的原因。练习社交技巧或个人应对技术，以重建人际关系。采取合作学习制度，协助孩子建立适切的人际关系。

思考与互动：如何与孩子共同成长？请分享家教经验。

第八课　协助孩子规划生涯

扫码看视频
职业规划篇——如何帮助孩子找到适合的职业方向

学习目标　　**如何协助孩子规划生涯**

案　　例　　**生涯辅导势在必行**

高考生常常拿不定主意，怎样选择填报学校和专业？是先考虑学校，还是先考虑专业？哪个专业今后有前途？哪所学校更适合自己？这些问题常常困扰考生和家长。好多考生因未充分了解自己的兴趣和学校专业的要求，而错报学校和专业，后悔终身。而经过生涯辅导的考生，心理准备充分，能够从容选择，一路顺风。一位高分考生执意"非清北而不去"，结果名落孙山。另一位低分考生，虽然进了"独立学院"，但后来又经过专升本、研究生阶段学习，最后成为大国工匠。

一、生涯辅导意义

（一）扩展对工作世界的认识

（二）明确专业学习与职业的关系

(三)减少对某些职业的错误认识

(四)能够解释兴趣、能力以及价值观念在生涯发展过程中的重要意义

(五)培养做决定的技术

二、生涯辅导目标

(一)增进自我觉察

(二)培养正确的职业观念

(三)培养正确的工作态度

(四)了解教育与未来职业之间的关系

(五)了解社会经济状况

(六)增进个人对工作世界的认识

(七)学习做决定的基本技巧

三、生涯辅导内容

(一)认识环境

(二)了解工作世界

(三)了解人与人之间的个别差异

(四)增进自我觉察的能力

(五)了解教育与工作之间的关系

四、生涯辅导方法

(一)家庭辅导

1. 提供学生课外参考书籍。

2. 选择适当的影片欣赏。

3. 访谈与旅行活动。

4. 日常生活交流。

5. 学习写简历。

(二)团体辅导活动

1. 画出自己的生命线。

2. 讨论与生活环境中的职业关系。

3. 从分类广告中找出从事某一行业所需具备的条件。

4. 制作人才广告。

(三)社区活动

1. 参观访问。

2. 与社区从业人员座谈。

3. 与同学分享，增进对工作世界的认识。

扫码看视频
如何看待制
造业工作

五、个性辅导

(一)建立积极的自我观念

制定未来的目标和计划，信任自己和别人，了解自由必须要有限制，建立良好的自我意象，建立自信心和安全感。

(二)发展良好的自我觉知

觉知自己的优缺点和好恶；觉知生活的体验以促进个人的成长；学会辨认及表达个人的感觉；觉知自己的希望、梦想和期待。

(三)学习自我调适的方法技术

自我描述，价值评定，做决定，辨识感觉，预想未来。

(四)熟悉自己性格特质与职业要求之间的匹配

六、生涯辅导理论

指导生涯辅导工作的理论很多，仅以职业类型论说明。美国的约翰·霍兰德(John Holland)教授认为大多数人可依其人格特质归纳为六大类型：实用型、研究型、艺术型、社会型、企业型、事务型。同时将所有的工作环境归纳为实用、研究、艺术、社会、企业、事务六大类型。

实用型的人，具顺从、坦率、谦虚、自然、坚毅、实际、害羞、节俭、稳重等特质，习于以具体实际之方式来解决问题，其典型之职业环境为农夫、劳工及机械员等。

研究型的人，具分析、谨慎、批评、好奇、独立、内向、理性、及保守等特质，较喜欢有系统地观察自然及文化界的现象，习于用研究的态度来处理问题，但缺乏领导才能，其典型之职业为工程师、数学家及化学家等。

艺术型的人，具想象、冲动、独立、直觉、敏感、情绪化及理想化等特质，较擅于运用文艺能力、重视审美，其典型职业为音乐家、舞台设计师及小说家等。

社会型的人，具合作、友善、仁慈、负责等特质，善于社交、善解人意，但缺乏科学方面的能力，其典型职业为辅导人员、宗教人员及社会工作者等。

企业型的人，具冒险特质，口才流利，其典型职业为政治家、企业经理及推销员等。

事务型的人，具谨慎、保守、服从、规律、尽责、实际等特质，喜欢处理明确的、有次序的、系统的资料，其典型职业为会计师、出纳员、秘书等。

霍兰德认为人格-环境适配性较高者，容易在工作中得到满足，比起适配程度较低者，不会更改自己的工作环境。霍兰德的类型论辅导应用价值较高，容易为一般人接受。

七、生涯辅导途径

扫码看视频
专业与职业矛盾
怎么办?

（一）个别咨询

探索所有可能的职业选择，考虑个人兴趣、能力、价值等因素，窄化选择范围，整合个人的需求、期望及职业市场要求，制订行动计划，尝试以兼职或志愿者方式投入职业活动。

（二）团体生涯辅导

（三）课程教学

提供各类与生涯发展相关的选修课程，将有助于学生计划未来生涯发展。

（四）职业心理测验

可增进个案自我了解，并刺激职业期望。如职业自我探索量表（SDS）。

（五）提供职业资料

（六）建立电脑辅助生涯辅导系统

根据个人兴趣、价值、能力及特殊技巧等因素，探索较适合自己的职业类别或大学科系。

案　　例　　人生历程座座桥

每个人的成长经历都是一部名著，在这部名著中有你的失落，有的你的挫折，有你的喜悦，有你的骄傲……你每天都在继续抒写着这一部名著，记叙一个个生动的画面。在这部名著中，你找到了自信、动力。

此时，我已经深深地陷入其中。

往日热热闹闹的场面又印入我的眼帘。那一年我三岁左右，爸爸带着我到隔壁村赶集，在这人山人海之中，我与爸爸走散了。当我发现爸爸不在我身边时，我立即大哭了起来。然而，我并没有只是在原地哭。我记得大姑姑就住在这村里，好像就沿着这条街，但具体位置我不记得了，我就想先走完这条街再说吧。我就边哭边沿着这条街走，当我经过信用社门前时，我发现大伯正在与其他叔叔谈话，我像找到救星似的，飞跑了过去……

小时候，每每想起这段经历时，我总是感到喜悦和畏惧。喜悦的是我终于回到了家，享受着现在这么幸福的生活；畏惧的是我如果没有找到家，现在会是怎样，各种可怕的念头展现在我的脑海中，挥之不去。

随着年龄增长，经历增多，对这段往事也有了不同的感受。当我在生活学习中遇到挫折和困难时，我就会想起它，它警告我不要盲目，静下来理清头绪。它让我找到了平衡点，找到了自信。它使我坚信，如果我放弃，我的成功几率为0；如果我敢于尝试，我的成功几率至少为50%，甚至为100%。这段往事使我受益非浅，将相伴我的终生。

刚上初中时，班主任点名让我当自然科学课代表，当时我就感到了压力的重大。"作为一名课代表，自然科学学习成绩不好，怎么能服众？"这句话深深地印入我的脑海中。因此一有空，我就会做自然科学的题目，在不知不觉中我找到了非常大的乐趣。在第一次自然科学考试时，我带着一种沉重的压力，走进了考场……考试成绩公布后，我居然考了97分，得了全班第一名。这一次的第一名给了我极大的动力，它使我相信我能行。

另一方面，自然科学老师对我的关心也成了一种潜移默化的动力，使我更加坚信我的信念，我一定要把自然科学学好。老师对我的关心不仅仅在学习上而且还在生活上。一个星期大约有两次，老师都会把我叫到办公室，问我在学习这门功课上的难题。每当她来查寝时，她都会拍拍我的被子说："天冷了，被子要盖好。"每当这时，我心里就感到特温暖。

以前每回忆起这段时光，我心里就感到特别温暖；现在每回忆这段时光，给我的不仅仅是温暖，更多是启发。如果班主任没给我这个机会，我现在还会不会对化学产生浓厚的兴趣？答案是个未知数。它时时刻刻提醒我，要把握好身边的每个机会，一个新的机会将会给你一个新的发现，一个新的惊奇。

现在，我选择了教师这个行业，自然老师对我的启发很大，作为一名"灵魂的工程师"，你不仅仅要满足学生对学业的渴望，而且还要满足学生心灵上的需求，以你一颗真诚的、真挚的心对待每位学生。在你获得快乐的同时，也使你的学生获得快乐。

高三时期可用一个词"黑色"来形容。每天都处于三点一线——教室、食堂、寝室，每天都处于一大堆的试卷之中，整个教室被紧张的气氛包围。同学们的言语被大量的"为什么"所代替。然而，就是这"黑色"却给我带来了"光明"。在高中时期，我是一个比较沉默的人。当别人高谈阔论时，我未参与其中，只埋头看书；当别人嬉戏打闹时，我只当旁观者。我的生活中除了孤单还是孤单。在高三那段时期，学习上遇到很多困难，我想，不能再沉默下去了，所以我与其他同学的交流就从"为什么"开始了。在讨论中，我们的言语跳出了"为什么"，谈得更多是鼓励和关心的话。现在，当别人高谈阔论时也有了我的身影、我的踪迹。当时一位同学大发感慨地说："原来，你是这么的活泼可爱。"黑色的阴影虽然笼罩着我，但我却得到了同学们真诚的帮助、关心以及真挚的友谊。

迈出第一步，你会发现世界是多么美好，这是我最大的感悟。

人生的每一个历程就像一座桥。桥在我们的生命中无所不在。在我懵懂的时候，一本书、一篇短文、一句格言使我能抵达明智；在我颓废的时候，远方一个淡淡的问候，抑或眼前一个陌生美眉的微笑，能点燃我们希望的灯火；在我们精神处于低谷时，一朵野花、一株小草、一泓清泉、一线阳光不经意的出现都使我们感到温馨、感到滋润、感到生命之美好，于是又精神抖擞、昂扬上路。

对于生命，什么都可以没有，惟独不能没有桥；什么都可以漠视，惟独不可漠视桥。我们的生命就是靠着这些各种各样的桥来延伸、来丰富的。（冯娟）

【专家点评】把人生历程比作桥，把桥当作自我成长的动力，寓意深刻。人的终身发展任务就是适应环境和改造环境。桥，是人与环境联结的纽带。断掉桥，人会觉得孤独；建设好桥，才能通向广袤的世界，吸取养分，发展与完善自我。人的生涯发展需要良好的自我认知，把握自己的需要、个性特征与环境的匹配，善于架桥，创设适合自己生存与发展的环境。

（案例选自郑晓边著：《心灵成长》，安徽人民出版社 2006 年版）

> ➤ 思考与互动：如何协助孩子规划生涯？请分享家教经验。

◎作者简介：

郑晓边，华中师范大学心理学教授，教育督导，华大新父母教育研究院院长，湖北省老年学学会副会长、老年心理学专业委员会主任，华中师范大学老龄问题研究中心副主任，湖北省老年教育研究基地副主任，中国教育学会教育质量监测评价指导委员会委员，中国心理学会学校心理学与老年心理学分会委员，中国心理卫生协会青少年心理卫生专业委员会荣誉委员，中国老年学和老年医学学会理事、老年心理学分会委员，湖北省家庭教育研究会理事，武汉科学家科普团报告专家。

《家庭教育促进法》里的家教密码系列直播课

党波涛

【编者按】2022年1月1日，备受关注的《中华人民共和国家庭教育促进法》正式实施。国家为什么要出台这样一部法律？这部法律都规定父母和家长应该怎么做？2022年1月3日起，华中师范大学副教授、华大新父母教育研究院执行院长党波涛为家长重点解读这部法律里的家教密码。

第一课　怎样做合格父母？

一、《家庭教育促进法》出台的背景

近年来，中国教育取得了很大进步。小学初中免费就读，高中、大学、职业教育、成人教育、特殊学校等各种教育都取得了重大成就。相比之下，家庭教育发展比较滞后，处于一个相对落后的阶段。发展迟缓的家庭教育必将影响着学校教育的实际功效。

网上曾出现这样的段子：现在做什么事都可以选择，做父母不可以选择；做什么工作不合格就会下岗，做父母不合格也下不了岗。

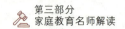
每一个父母、每一个人都有结婚生孩子的权利，有权利同时也应该有义务，不会当父母实际上是害了孩子。

现在各行各业已经进入信息时代，而家庭教育仅处于手工作坊时代，家庭教育的落后严重阻碍着学校教育。改革现有的家庭教育局面刻不容缓，否则，现代化建设、民族复兴、中国梦的实现都会受到影响。

近年来，习总书记每年都讲家庭、家教、家风，多次在不同场合提出要注重家庭、注重家教、注重家风，为我们今后的工作指明了方向。但怎样落到实处？有关教育方面的法规也有十多部，例如《中华人民共和国义务教育法》《中华人民共和国教师法》《中华人民共和国职业教育法》等，唯独没有家庭教育方面的法律，这一空白如今终于得到了填补。

家庭是孩子的第一环境，是孩子健康成长的摇篮、源头，家庭只有环境干净、清澈、无污染，才能更好地传承中华优秀传统文化。**家庭就是社会的细胞与基石，父母和家长教育孩子已经不是一家之事，已经上升为国家大事。**

近年来，很多孩子心理健康出现问题，青少年出现了犯罪现象，这些都与家庭教育不到位正相关。《家庭教育促进法》的制定和颁布实施非常及时。过去，家庭教育没有一个准绳，很多人都不知道父母的责任。如今，《家庭教育促进法》就是我们进行家教时的第一指导与第一遵循，是家庭教育的第一指路明灯，所有的家长都要认真学习。

二、我的两点认识

通过学习多遍《家庭教育促进法》，我自己有两个认识——

（一）育儿已不是自己的私事

以后大家再认为，我的孩子我想怎么教就怎么教，别人无权干涉，就大错特错了。随着《家庭教育促进法》的出台，教育孩子已经不是自己家的私事了，它是国家的大事。家长再做不好，或者不会做父母，就有人约束你，就会受到法律制裁。因此，父母从思想观念上要高度重视家庭教育，要学会按照这部法律去开展家庭教育活动，教育出来的孩子一定会不一样。

《家庭教育促进法》全文并不长，一共六章 55 条，5000 多字，大家先看看每一条都写了些什么，然后想想为什么要这样写。20 多分钟就可以读完，读完后再打印出来，放在客厅里，有空就重读，重点读第二章和第五章，大家一定会在反复阅读中受到启发。以后培养孩子就不是你一个人在战斗了，你的背后有国家和各部门给予支持。

（二）父母是第一责任人

第一章总则将家庭教育的目的、任务、责任人要求、政府责任等规定得非常清楚，当然，父母是家庭教育的第一责任人。第二章具体谈到家庭责任，告诉父母应该如何做，包括单亲家庭、离异家庭、留守儿童家庭等应该如何做，写得非常细，非常好。第二章中的九条育儿方式方法，值得每一位家长摘抄下来，然后铭记于心。第三章是国家支持，第四章是社会协同，第五章是没有做好的家长需要承担的法律责任，第六章是附则，即本法自 2022 年 1 月 1 日起实施。

2022 年是家庭教育的元年，所有家庭、学校、社会要形成教育合力，共同促进孩子的健康成长。

三、关注三个重点

《家庭教育促进法》第四条强调国家工作人员要带头树立良好家风，履行家庭教育责任，那么，应该如何培养孩子呢？在学习中要关注三个重点——

（一）健康成长

"健康成长"在本法中多次出现，是这部法律的灵魂。之所以反复强调这个问题，就是因为现实社会中有不少孩子没有健康成长，心理问题、叛逆问题、犯罪问题等层出不穷。孩子健康成长，不是为了考高分、为了好成绩。孩子首先要身体健康，其次是心理健康，心理压力大了，精神、思想就会出现各种问题。抑郁、自残、触犯法律等极端行为都是孩子没有健康成长的表现。

(二) 第一责任人

为了孩子成长，家长要担起责任，父母是第一责任人，家庭是第一责任单位，父母和家庭要承担起教育孩子的责任，父母和家庭要负第一责任。总则里面第四条强调，孩子父母负责实施家庭教育，父母生了孩子不管，交给自己的父母，就没有承担起家庭教育责任，是要负法律责任的。《家庭教育促进法》第十四条再次强调，父母责任重大，是孩子的第一任老师，家庭是第一课堂。学校、老师终究是要离开孩子的，父母不能把孩子推给别人，第一责任要承担起来，要担起家庭重要责任。孩子教育不好，60%以上的责任在家长，老师只占40%的责任。

(三) 家庭教育的内容和方法

《家庭教育促进法》不仅告诉我们家庭教育目的、父母和家庭应承担的责任，还告诉我们怎样去教育孩子。家庭教育的核心理念与学校教育是有区别的，家庭教育侧重道德品质、身体素质、生活技能、文化修养、行为习惯等的培养。家庭教育不是培训班，不是天天学习考高分，要尊重孩子身心发展规律和个性差异。正因为很多家长没有尊重孩子身心发展规律，幼儿园阶段就逼孩子算算数、写汉字，超前学习，所以很多孩子提前耗尽了学习兴趣。尊重孩子个性差异，不要去比较，不要用别人孩子的长处比自己孩子的短处，每个孩子都是独一无二的，拿别人的孩子的优点去比较自家孩子的不足，只能让自家的孩子没有自信，变得自卑。

四、教子九大方法

《家庭教育促进法》第十六条一共用了六点告诉家长家庭教育应该围绕哪些内容去开展。1. 培养家国情怀。2. 培养孩子好品德和法律意识。3. 科学的成才观。4. 促进孩子身心健康，培养孩子良好的生活习惯。5. 心理健康和安全教育。6. 树立热爱劳动的观念，提高孩子生活自理能力。《家庭教育促进法》第十七条尤其值得注意，值得所有家长用心铭记，作为家庭教育的座右铭，本条讲解的是培养孩子的九大方法：

（一）亲自养、亲自育，不能当甩手掌柜。

（二）共同参与，夫妻双方都要参与，发挥双方作用，不能仅靠妈，也不能仅靠爸。

（三）生活教育，每一件小事都可以教育孩子。

（四）潜移默化，言传身教影响。

（五）严慈相济，爱要有规矩。

（六）尊重差异。

（七）平等交流。

（八）相互促进。

（九）其他有益于未成年人全面发展、健康成长的方式方法。

从这九条的具体内容来看，《家庭教育促进法》写得非常细，非常有针对性。

五、教育部的要求

2021年12月6日教育部下发通知，要求教育部门认真贯彻落实《家庭教育促进法》。教育部不仅要求父母家长要学习本法，其他社会成员都要学习，领导干部要带头学习，要拿出落实的方案。校长书记要系统学习，要联系实际学习，老师要带着使命学习，家长要认认真真学习。也就是说，2022 年，是《家庭教育促进法》学习贯彻落实年。具体要求如下：

（一）思想上要重视。

（二）学习上要投入。要投入时间、精力、金钱，主动、积极、坚持去学。

（三）落实到行动上。每天学习，二十分钟就好。

教育孩子不是一件急功近利的事，要有耐心，要循序渐进，这部法律只要学深学透，教育孩子就不是难事。**这部法律关系着每个家庭，是家庭教育的尚方宝剑，学好这部法律就会造福于每个家庭。**我们倡导所有家长要做到每天三个"半小时"（亲子共读半小时，亲子运动半小时，亲子交流半小时），那么家长朋友们不妨从学习这部法律开始，每天和孩子一起读半小时，然后针对法律内容再和孩子交流半小时，坚持几天就可以读完这部法律，我们相信亲子共读并交流完毕之后，无论是家长还是孩子，都将获益匪浅。

第二课　家庭教育的第一目标

家庭教育的目标就是把孩子培养成人成才。《家庭教育促进法》中第二条、第三条、第十五条说得非常清楚，家庭教育的目标就是促进未成年人健康成长。健康成长也就是家庭教育的第一目标。我们希望孩子将来考上好大学，有一个好工作，所有的目标都是建立在第一目标之上的。没有健康成长，其他目标再多也实现不了。就好比我们盖大楼，健康成长是根基、地基，地基必须要打好，地基不牢，地动山摇，楼房就要垮塌。

那么，孩子的健康成长都包含哪些具体内容？我们该如何具体去做？

一、了解孩子的成长过程

孩子出生要经历几个阶段——

（一）结婚怀孕阶段

父母结婚怀孕后，都希望生下的孩子能够健健康康，这就需要注意怀孕期间的保健方法。

（二）0—3 岁阶段

孩子出生后的前 3 年，抵抗力低，免疫力差，所有家庭成员都要呵护好小宝宝，不让宝宝生病。孩子 3 岁之前，一家人最关心的是孩子身体健康。

（三）3—6 岁阶段

也就是幼儿园时期，家长除了希望孩子健康成长之外，还要求孩子学习一些社交、礼仪、规矩、习惯。

（四）6—12 岁阶段

这一阶段也是孩子的小学阶段，孩子开始有了作业，有了考试，家长开始要求孩子有好成绩，有高分数，但孩子的身心健康成长仍是第一位，如果孩子天天生病，就肯定不能好好学习。

（五）12—18 岁阶段

这一阶段也是孩子的中学时期，孩子进入初中后，学习开始占据重要位置，再到高中，临近高考，学习成绩越发重要，成绩决定了孩子上什么大学，将来从事什么专业。学习成绩虽然非常重要，但孩子的身心健康仍是第一位，身心不健康，学习好不了。

（六）18—22 岁及以后阶段

孩子在这一阶段上了大学，家长希望孩子大学毕业后能找到适合的工作，当然也可以继续攻读硕士研究生乃至博士研究生，然后毕业参加工作，再找到另一半，立业成家，或者成家立业。若按人的平均寿命 80 岁计算，上学时间仅占人生的四分之一，所以这一阶段并非人生的全部。家长要着眼于孩子一生的发展，不要只盯着高考，只看分数和成绩。每年参加高考的考生仅有 5% 左右可以考上"211"或"985"重点大学，95% 的学生只能上普通高校，或者专科学校，但 95% 的这批学生也并非没有自己的未来，所以家长不要天天逼孩子写作业搞学习。好分数确实可以使孩子考上好大学，但这并不一定意味着孩子会一生幸福。家庭教育的目的是希望孩子有一个幸福的人生，那么前提就应该是孩子的健康成长。**健康是一切的基石、基础、根本，健康成长贯彻孩子的一生，是家庭教育的第一目标。**

二、怎样做到健康成长

健康成长分三个方面：身体健康、心理健康、精神健康。只有三个方面都具备了，才是真正的健康成长。

（一）身体健康

俗话说得好，身体是革命的本钱。有一个幸福公式：幸福＝1+若干个0，1是健康，没有健康，一切都是0。身体健康也是心理健康、精神健康的基础。那么，如何做到身体健康？

1. 吃好。孩子的营养搭配一定要多样，膳食搭配一定要合理。现在城市的家长，尤其是年轻的爸爸妈妈喜欢点外卖，不主动给孩子做饭，这种现象值得警惕。一日三餐中，早餐最重要。有些孩子晚睡晚起，不吃早餐或早餐吃得很随意，这样不仅影响身体健康，还会影响其他方面。华大新父母训练营有两个典型父母，一个是胡显华老师，一个是夏燕老师，他们的孩子一个是清华大学学霸，一个是北京大学学霸。他们从孩子幼儿园开始到大学，一直坚持给孩子做早餐，让孩子体会到父母的爱。孩子上大学了，还在想念早餐的味道，想念家的味道，想念妈妈的味道，所以我建议每个家长要学两三道拿手菜，给孩子多做做饭，让孩子吃得营养，同时体会到家里浓浓的爱。常言道，人生二字，吃穿二事。这里面包含着大文化、大智慧。

2. 睡好。通常情况下，小学孩子要睡9小时以上，初中8~9小时，高中7~8小时。睡觉很重要，睡不好，肯定也学不好。睡觉有利于大脑发育，睡眠不足会影响大脑发育，大脑休息不好，发育不好，孩子第二天的精力就不好。睡眠好的孩子，成绩一般在中等以上，所以家长一定要让孩子睡够，不能拿孩子的睡眠换取一时的成绩。成年人也是一样，睡眠不好，免疫力下降，抵抗力下降，各种毛病就出来了。

3. 玩好。也就是要给予孩子足够的娱乐时间和娱乐空间。家长要舍得孩子玩，爱玩的孩子一般都非常聪明。当然，孩子一定要玩健康的东西，玩积极的东西，像积木、魔方、唱歌、跳舞、踢毽子、跳绳、捉迷藏等；不利于身心发展的不可以玩，如玩手机游戏等。身体健康跟玩息息相关，聪明的孩子常常玩就玩个痛快，学就学个踏实。

4. 运动好。新父母倡导的核心理念中每天三个"半小时"，其中有一项就是每天亲子运动半小时，这半小时的运动非常重要，对身体、心理、精神都有积极的作用，亲子一起运动，就是最好的家庭教育。如果孩子不爱运动，家长要带头动起来，打篮球、踢足球、打乒乓球、游泳、跳健身操等，使孩子养成热爱某一项或几项运动的习惯。

（二）心理健康

孩子的心理健康也很重要，家长更要注重，因为身体健康与否是看得见的，而心理健康与否是看不见的。有些人身体残缺不全，但内心健康强大，能够经受挫折，走向成功，甚至比身体健全的人发展得更好。那么，怎样做到心理健康呢？

1. 家庭要和睦。夫妻关系越好，家庭关系越和睦，孩子心理就会越健康，内心就不会有阴暗面。夫妻之间要好好说话，不要吵架，尤其是当着孩子的面一定不要争吵。孩子放学回家，如果看到的是爸爸妈妈的笑脸，一定会非常开心，非常幸福。家庭的幸福也就是孩子的幸福，幸福感越强烈的孩子学习动力也越强，越发要使自己成为爸妈那样幸福的人，越会去努力搞好学习。

2. 让孩子多交朋友。孩子的社交也非常重要，随着孩子年龄的增长，爸妈的影响会越来越小，同伴的影响会越来越大。如果孩子一个朋友都没有，他总有一些心里话无处倾诉。孩子心里越阳光，越能包容，就越能交到朋友。家长如果不让孩子出门，不让孩子接触他人，实际上就剥夺了孩子交朋友的空间。

3. 有爱好。爱好是可以培养的，家长要有意识地培养孩子的爱好，很多事业成功的人都有自己的爱好，如袁隆平、钟南山、施一公这些名人。孩子如果没有一点自己的爱好，他的生活会少了很多的幸福，运动、阅读、唱歌、跳舞、下棋、收藏等都是健康的爱好，有人甚至把爱好变成了特长，变成了自己的谋生方式。

4. 多运动。生命在于运动，心理健康的孩子常常有一颗运动的心，运动可以使身体强壮，更可以使内心强大。特别是体育比赛，孩子在赛事中会面临失败，接受挫折，由此可以培养孩子的耐挫能力，使孩子心理变强大。很多名校都非常重视运动，如清华大学把游泳当成必修课。

（三）精神健康

精神健康也就是思想健康，它跟心理健康有关系，也有区别。精神健康是人品要好、要有道德。人品不好非常危险，以希特勒为例，他身体很棒，心理强大，但三观不正，给世界带来了战争的灾难。家长要能够培养孩子积极、向上、阳光、包容、谦虚等好品质。

孩子以上三个方面都健康，学习肯定不会差。总之，健康成长决定了孩子未来，孩子身体、心理、精神不健康，学习再好也没有意义，成不了国家的栋梁之材。

三、三个健康小贴士

（一）孩子不爱运动怎么办？

家长可以带着孩子一起运动，如果孩子连与家长一起运动也不感兴趣，那么乘着风和日丽的时候，一家人一起外出散散步，逛逛公园，也是一种运动。

（二）孩子爱玩游戏怎么办？

孩子如果没有自己的爱好，就很容易把玩游戏当成爱好。家长一定不要单纯地制止孩子玩游戏，而要帮助孩子找到一个让孩子觉得比玩游戏更

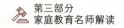
好玩的健康爱好，用这个爱好取代玩游戏。

（三）孩子写作业太慢、耗时太多、没时间休息怎么办？

孩子写作业慢不要着急，有很多孩子写作业快，但错得多。那么如何让孩子写作业又快又对呢？家长可以训练孩子的专注力，家长更要为孩子提供一个安静的写作业的空间，家长还可以从《家庭教育促进法》里学习到很多教育孩子的方法。

第三课　家庭教育的第一要求

《家庭教育促进法》第五条明确规定，家庭教育应当符合以下五条要求：

（一）尊重未成年人身心发展规律和个体差异；

（二）尊重未成年人人格尊严，保护未成年人隐私权和个人信息，保障未成年人合法权益；

（三）遵循家庭教育特点，贯彻科学的家庭教育理念和方法；

（四）家庭教育、学校教育、社会教育紧密结合、协调一致；

（五）结合实际情况采取灵活多样的措施。

其中"尊重未成年人身心发展规律和个体差异"放在五条之首，堪称家庭教育的第一要求，也可以说是第一原则。这里面包含两个尊重：一是尊重未成年人身心发展规律，一个是尊重未成年人个体差异。我们重点解读这两个尊重——

一、尊重孩子身心发展规律

0—18岁的孩子都是未成年人，尊重未成年人的身心发展规律也包括两个方面：一个是尊重身体也叫生理发展规律，另一个是尊重心理发展规律。无论家庭教育还是学校教育都要遵循这一规律，就好比农民种庄稼，春耕夏耘，秋收冬藏，都是有规律的，错过时间节点，不遵循规律干农活，庄稼肯定不会丰收。而孩子的成长规律更复杂，家长更应该了解并尊重这些规律，孩子才能健康成长。

家长要了解孩子发展的四个时期，也就是四个阶段，孩子在每个阶段的身体、心理发展规律不同，但都是有规律可循的。

（一）幼儿园之前时期

这一阶段是孩子安全感形成的关键时期。安全是孩子的第一需要，孩子跟爸爸妈妈在一起感到安全，不跟爸爸妈妈在一起往往没有安全感，没有安全感的孩子身体、心理发育会不健康，大脑发育也会受到影响。这时候家长要尽量多陪伴孩子，给孩子情感滋养，关注孩子成长中的每个反应，积极回应孩子的各种表现。例如孩子哭闹，家长一定要积极回应，如果家长漠视孩子，不理孩子，任孩子一直哭，装作听不见，不去关心孩子为什么哭，孩子成长发展的积极性就扼杀了，孩子就会变得胆小、怯懦、唯唯诺诺。所以这一时期，家长一定要多陪伴孩子，关注孩子每一个发展表现。

当前农村家长外出打工现象比较普遍，留守儿童较多，很多孩子一出生后就由爷爷奶奶照看。这是不科学的，建议父母两人至少留一人在孩子身边。可能有的家长认为，我们如果不出去打工就挣不到钱，孩子将来就受不到好的教育。但家长一定要记住，孩子的成长是不可逆转的，一旦孩子出问题，家长挣再多的钱也是没有意义的。孩子的身体、心理发展都需要爸爸妈妈的陪伴，缺少父母陪伴的孩子幼小心灵会埋下隐患，当时可能显现不出来，但几年后乃至几十年后就会呈现。0—3岁是是孩子最需要家长的时候，家长一定要陪伴在孩子的身边。

(二) 自我意识形成时期

这一阶段是孩子 3—6 岁, 其语言、认知达到相当水平, 对色彩、声音、图画等都很感兴趣, 看到身边所有东西都好奇, 带着好奇心认知世界, 了解世界, 探索世界。孩子的欲望特别高涨, 同时情绪起伏大, 说变就变。俗话说, 孩子的脸, 六月的天, 通常指这一时期的孩子。这也是孩子的第一个叛逆期。0—3 岁的孩子父母说什么都听, 但 3—6 岁的孩子父母说的不一定完全听, 这是孩子成长的必然过程, 孩子通过叛逆形成自我, 情绪、爱好、习惯都要独立自主。家长在这个时期要全然接受孩子的各种状况, 帮助孩子建立独立的自我意识, 告诉孩子自己的事情自己去做, 自己做主。例如, 给孩子买玩具, 让孩子自己去挑选, 给孩子约定好, 一旦挑选后, 就要好好玩, 不准后悔。

家长还一定要有耐心, 因为孩子在这一时期大脑发育特别快, 孩子好奇, 好问, 凡事都想弄个明白, 问个为什么, 会一个劲地问到底。当然, 好问是孩子好学的表现, 是成为学霸的表现。父母可以购买一套《十万个为什么》, 和孩子一起阅读这套书, 孩子对自然、社会、家庭、自我认识的问题都可以从这套书中找到答案。

(三) 人格形成时期

孩子处在 6—12 岁这一阶段, 也就是小学阶段。这一阶段孩子要学习各种知识, 孩子在这一阶段好胜心强, 不愿意一个人学习, 喜欢和别人比比高低。

家庭教育还要配合好学校教育, 让孩子养成良好的生活习惯和学习习惯, 家长在这一阶段应把孩子习惯的养成放到家庭教育的第一位。如劳动习惯, 家长让孩子在周末参与家务劳动, 让他感受到他是家庭的重要一分子; 如规则意识, 这一时期也是孩子规则建立、巩固的时期, 家长要跟孩子商量着建立家庭规则，然后大家一起遵守。如早睡早起的习惯，要求孩子晚上 9：00 前上床睡觉，就要孩子在 9：00 前做好一切准备，刷牙、洗脸、洗脚、第二天学习物品准备等，都要在 9：00 前准备完毕。

（四）青春期

青春期的孩子在 12—18 岁之间，孩子这一时期的身体、心理发生着天翻地覆的变化，是孩子的第二次新生，孩子向成人发展，从成熟到成人。这个时候，孩子的情绪情感色彩浓，喜欢自己做主，常常不服从爸妈、学校、老师的管理，喜欢跟父母对着干，亲子沟通常常在这一时期出现问题，早恋、玩手机成瘾也容易在这一时期出现。

家长在这一时期一定要了解孩子的身心发展规律，了解孩子身体和心理的变化，了解孩子内心的需求是什么，了解孩子的交往对象，包括异性。夫妻关系这一时期一定要处理好，父母要站在同一条战线上，夫妻关系越不和睦，孩子的叛逆就越加剧。

二、尊重孩子个体差异

每个孩子都是不同的，由于家庭、父母、学校、地域、生活、受教育环境不同，孩子的个体情况千差万别。即便外在环境相同，孩子本身也存在很多不同，就是双胞胎，也有很多差异。家长一定要承认一个事实，每个孩子都是不一样的。

学校教育容易用一个标准去衡量孩子，难以尊重孩子个体差异，一名老师常常面对几十名孩子，要做到因材施教非常困难。当然，有些学校渐渐小班化，学生的课堂学习针对性强，课外生活丰富多彩，孩子的不同特点可以得到较好的发展，但这样的学校毕竟是少数。而在家庭教育中是可以做到的，现在一个家庭一般是一两个孩子，一家人照顾一个孩子，完全可以做到差异化培养。家庭教育一定不要按照学校的教育模式去教育孩子，不能像工厂生产零件那样整齐划一，要多元化培养孩子智能。家长要了解"多元智能"理论，一般科学家把人的智能分为"八大智能"，家长要观察自己的孩子具备哪一种，然后因材施教去培养，孩子就会健康成长。

（一）人的"八大智能"

1. 语言智能：听说读写能力强；
2. 逻辑推理智能：数学较好，逻辑思维能力强；
3. 人际交往智能：特别善于理解关心他人，善于交际，能成为外交家，能处理好分工合作；
4. 内醒智能（自我认识）：自醒，认识管理自己，自我约束力强；
5. 音乐智能：对韵律、音调、律动等敏感；
6. 空间智能：想象力、方向感强，拼图、画画、设计能力强；
7. 自然观察智能：善于观察、识图，辨别能力强；
8. 动觉智能：动作能力强，非常灵活，手势、表演能力强。

一个人不可能八大智能都具备，不同智能的孩子教育方式也不同，家长一定要发现孩子的智能强点，尊重孩子个性差异，把孩子的强项挖掘出来，而不要拿自己的孩子跟别人的孩子比。

（二）孩子的三种类型

不同智能的孩子常常表现为三种类型，家长一定要认识、发现自己孩子属于哪一种类型，然后结合这一类型孩子的特点去教育。

1. 活泼外向型。家长不要去压制这一类类型的孩子，要充分发挥孩子的潜能。

2. 安静内向型。对这一类型的孩子家长要多鼓励，多表扬，让孩子去说，去表现，增强孩子的自信心，同时多引导孩子参加集体活动。

3. 均衡发展型。这一类型的孩子兼具外向和内向特点，家长不要过分表扬或批评，要适度，否则孩子容易自负或自卑，要给孩子布置一些具有挑战性的活动。

总之，孩子无论属于哪一类型，不存在好坏之分，只要家长培养得法，孩子都可能成长为杰出人物。

三、家庭教育小贴士

(一)孩子学习压力大、睡不着、心里难受，怎么办?

孩子心理承受力差，抗压能力差，要及早培养孩子的运动习惯，增大孩子的抗压能力。孩子一旦因压力大而睡不着，这时不应该是学习学习再学习，而是运动运动再运动。

(二)高三孩子厌学怎么办?

厌学的孩子往往是学习成绩跟不上班级的节奏，该补课要去补课，能学好的科目如政治、历史要尽量学好，高考 200 分、300 分就可以上大专，上了大专才有逆袭的机会。

(三)三年级孩子作文差怎么办?

说三年级的孩子作文差，本身就是个错误评价，三年级还没有真正开始写作文，家长要遵从孩子的成长规律，不宜超前教育。同时要让孩子多阅读，多阅读是写好作文的基础。

第四课 家庭教育的第一责任

一、了解家庭教育的责任

《家庭教育促进法》的出台，为家长教育孩子指明了方向，它包含家庭教育的目标、理念、内容和方法，既有家长的责任要求，也有家长育儿的方式方法。家庭、学校、社会在家庭教育中都有责任，但家庭是负第一责任，《家庭教育促进法》第二章"家庭责任"一共10条，具体谈到了家庭教育中家庭的责任。

我们先来看第十四条，这一条规定："父母或者其他监护人应当树立家庭是第一个课堂、家长是第一任老师的责任意识，承担对未成年人实施家庭教育的主体责任，用正确思想、方法和行为教育未成年人养成良好思想、品行和习惯。共同生活的具有完全民事行为能力的其他家庭成员应当协助和配合未成年人的父母或者其他监护人实施家庭教育。"可见，**孩子教育得好不好，孩子会成为怎样的人，家庭所有成员包括爷爷、奶奶、外公、外婆、姑姑、叔叔、舅舅等都有责任，当然，第一责任人是父母，其他成员有协助和配合的责任**。

那么，父母有哪些具体的家庭责任？在实施家庭教育中，父母应该注意哪些事项呢？父母的责任包含两个方面：一是开展家庭教育，二是提高家庭教育的能力。关于父母如何提高能力，第十八条里有说明："未成年人的父母或者其他监护人应当树立正确的家庭教育理念，自觉学习家庭教育知识……"同时要求父母在实施家庭教育的过程中，不得实施家庭暴力。有些父母没有耐心，孩子一出现问题，父母非打即骂，这是法律不允许的。还有一些父母无所作为，即使孩子经常出现问题，也不予管教，甚至不理孩子，这也是法律所不允许的。

2021年下半年，国家开始实施"双减"政策，即减轻义务教育阶段学生过重的课业负担，减轻义务教育阶段学生校外培训负担。"双减"减的是孩子重复性、机械性训练，学生的压力减轻了，但父母的育儿压力非但没有减轻，反而加重了。孩子各项素质要发展，孩子的各种能力要提升，父母的责任更大了，任务更重了。以往父母可以把孩子交给学校、送到培训班或者交给家教老师，"双减"后就不行了，父母要承担起孩子全面发展的责任，要关注孩子综合素质和能力的提升，要关注孩子的考试成绩，更要关注孩子的身心健康发展。

二、父母的责任清单

关于父母的责任清单，我们在这里总结了六条——

(一)督促学习，养成自律

父母要敦促孩子养成自律的学习习惯。自律的孩子往往让父母省心，往往会变得优秀。孩子不会天生自律的，这需要父母在前期不断敦促。如果父母不管教不过问，那么孩子不可能养成自律的习惯。同理，国家为什么要制定法律？单位为什么要制定规章？就是因为有些人管不住自己，必须先用法律、制度、纪律去约束他们，慢慢由他律变成自律。教育孩子同样需要有家规，父母用家规约束孩子，慢慢养成孩子良好的习惯，孩子慢慢变得自律。

(二)培养习惯，全面发展

自律就是习惯，习惯就是自律。教育的本质就是培养孩子良好的习惯，这是国内外教育名家普遍认可的理念。人的基本习惯有三个：生活习惯、学习习惯和行为习惯。生活习惯第一，学习习惯第二，行为习惯第三，行为习惯主要包括礼貌、礼仪、文明等行为，也是做人方面的习惯。

生活习惯最重要，作为一个人，首先要能生活，会生活，我们经常提的"三早"原则：早睡、早起、吃早饭，就是非常重要的生活习惯。日本教育之所以发达，其中很重要的原因之一就是它的早期教育发达，从孩子很小就开始抓这三条，一旦这些好的生活习惯养成了，学习、行为习惯也会顺利养成。幼儿园和小学阶段是孩子养成习惯的最重要的时期，幼儿园阶段培养其好习惯，小学阶段巩固其好习惯。很多家长都忽视了这一点，眼里只有成绩，一旦孩子的成绩不如意，家长或打骂孩子，或讽刺挖苦孩子。家长应该认识到，好习惯其实就是好成绩。有的孩子即便某个时间段学习成绩好，但如果没有好的习惯，那么好的学习成绩将难以为继。**一旦好习惯养成了，孩子自律了，好成绩自然水到渠成。**所以，家庭教育中培养孩子的好习惯高于一切。

（三）重视陪伴，用心沟通

有些家长全身心投入工作，投入事业，不抽出时间陪伴孩子，致使孩子家庭教育缺失。没有陪伴就没有教育，孩子没有教育好，家长即使挣钱再多也没有意义。小学阶段前，家长一定要陪伴在孩子身边，致力于孩子养成好习惯，孩子好习惯养成了，初高中就不用父母操太多的心了。我儿子小学三年级就养成了好习惯，他在初高中时我很少关注他的成绩，因为好习惯保证了他的成绩优秀。

现在有些家长没有尽到父母的责任，孩子一生下来就扔给爷爷奶奶，这样做是不负责任的。父母两人应该至少有一人陪伴孩子。而且父母是有"有效期"的，这个有效期只有 10 年左右，就是在孩子的 0—10 岁时期。俗话说，3 岁看老，7 岁看一生。一般孩子 7 岁时性格、人格基本形成。错过了这个"有效期"，家长付出再多，也只会事倍功半。**有些孩子不理父**

母，不听父母的话，就是因为父母该陪孩子的时候没有陪，错过了"有效期"，致使孩子的情感缺失，心理受到挫伤，这种情感缺失和心理挫伤是不可逆的。

父母除了陪伴孩子之外，还要讲究陪伴的质量。不是和孩子在一起就意味着有质量的陪伴，有的家长陪孩子去公园，让孩子自己玩，自己却在一边玩手机，刷抖音，看视频，没有与孩子进行互动与交流，这就是没有质量的陪伴。家长在陪伴孩子时要用心与孩子沟通，了解自己的孩子是什么样的孩子，了解孩子心里想些什么，需要什么。只有了解了孩子，家长才能走进孩子的内心世界，才能助力孩子成长。

(四) 建立规矩，学会敬畏

孩子小的时候，家长一定要给孩子建立规矩；孩子长大了，才能长出一双展翅腾飞的翅膀。3—6 岁，也就是幼儿园阶段，是给孩子建立规矩最好的年龄段，小学阶段是巩固这些规矩的时段。规矩建立后，要让孩子学会敬畏规矩。例如敬畏交通规则，红灯停，绿灯行。孩子不敬畏规矩，吃亏的将是孩子自己。家规、校规、社会规矩，包括我们的法律，都要严格遵守。父母不妨自己在孩子面前树立起敬畏规矩的榜样，例如喝酒不开车，开车不喝酒等。

(五) 播种理想，努力拼搏

人生目标是孩子前进的一大动力，家长要多和孩子谈谈理想，谈谈人生目标。现在有些学生没有学习动力，就是因为他们没有理想，没有人生目标。孩子的理想要从小播种，特别是在他们0—6 岁时期。这个时期的孩子想象力特别丰富，最容易播下理想的种子。湖北省 2020 年高考状元唐楚玥，小学时期被妈妈带着去武汉大学游玩，武汉大学环境非常优美，孩子就问妈妈考多少分可以上武大，妈妈说要考 600 分以上才可以上武大，孩

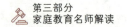
子就说将来她要考 650 分以上，她心里就这样播好了上名牌大学的种子。后来高考她考了 725 分，被北京大学录取。

家长一定要抽空带孩子去名牌大学走一走，让孩子提前感受名牌大学的魅力，给孩子播下理想的种子。我们倡导每个家庭挂上中国地图和世界地图，这也是给孩子播种理想的最简单的方法。孩子通过地图会问很多问题，这些问题可以让孩子了解当地的风土人情，了解一些优秀的大学。例如家长可以让孩子在地图上找到北京，顺势给孩子讲北京有中国最好的大学——北京大学和清华大学，然后问孩子想不想去上这些大学，让孩子从小就开始树立远大的理想，哪怕这些理想未来不一定能够实现。

(六) 相互配合，支持老师

在教育孩子时，夫妻要密切配合，家人之间也要配合，家长和老师之间要相互配合。夫妻教育孩子时观点不一致，做法不一样，相互拆台，相互对立，相互否定，孩子一定难以成才。夫妻关系和睦，彼此相得益彰，与老师配合密切，孩子会越发优秀。

父母是孩子的第一责任人，《家庭教育促进法》第十四条写得特别好，值得家长反复品味。家庭是孩子的第一个课堂，也是孩子的终生课堂，父母是孩子的第一任老师，也是终生的老师。再好的老师最多也只是教孩子 3—5 年，家长一教就是教一辈子，夫妻相互配合着教，一定能教出优秀的孩子。

三、家庭教育小贴士

(一) 孩子不爱学习怎么办?

学习不仅是孩子的责任，也是家长的责任。如果孩子不爱学习，家长要反思自己爱学习吗？不爱学习的孩子背后往往有一个不爱学习的家长，家长一定要带头学习。我们倡导家长朗读父母规，大声朗读100天。家长可以带着孩子一起读，一起学，孩子慢慢就爱上学习了。

(二) 怎样提高孩子的学习能力？

在孩子的幼儿园、小学阶段，我们倡导家里挂上"两图一板"(中国地图、世界地图、一块小黑板)，通过地图给孩子讲一讲外面的世界，通过小黑板和孩子一起写一写，画一画，孩子慢慢就会爱上学习。家长还要做到每天三个"半小时"，亲子沟通、共读、运动每天都要坚持半小时，孩子会越来越爱学习的。

(三) 孩子不爱读书怎么办？

家长就是孩子的原件，孩子是家长的复制品，如果家长不爱读书，孩子就也不爱读书。家长一定要营造读书氛围，吃完晚饭后，自己先拿起一本书读，津津有味地读，孩子一定会仿效着读。父母的榜样作用非常重要，孩子的优缺点常常就是父母的优缺点。

(四) 孩子静不下来、坐不住怎么办？

孩子静不下来就让他动起来，坐不住就让他玩起来，让他玩有意义、有价值的东西，玩也可以培养孩子的专注力，家长可以和孩子一起玩一些捉迷藏的游戏。家长陪孩子玩时一定要有耐心，让孩子玩个痛快。幼儿园的孩子就是在玩中学习知识的，家长要多给孩子一些成长的时间、空间与机会。

第五课　家庭教育的第一内容

一、了解家庭教育的内容

《家庭教育促进法》第二章"家庭责任"第十六条规定：未成年人的父母或者其他监护人应当针对不同年龄段未成年人的身心发展特点，以下列内容为指引，开展家庭教育：

（一）教育未成年人爱党、爱国、爱人民、爱集体、爱社会主义，树立维护国家统一的观念，铸牢中华民族共同体意识，培养家国情怀；

（二）教育未成年人崇德向善、尊老爱幼、热爱家庭、勤俭节约、团结互助、诚信友爱、尊纪守法，培养其良好社会公德、家庭美德、个人品德意识和法治意识；

（三）帮助未成年人树立正确的成才观，引导其培养广泛兴趣爱好、健康审美追求和良好学习习惯，增强科学探索精神、创新意识和能力；

（四）保证未成年人营养均衡、科学运动、睡眠充足、身心愉悦，引导其养成良好生活习惯和行为习惯，促进其身心健康发展；

（五）关注未成年人心理健康，教导其珍爱生命，对其进行交通出行、健康上网和防欺凌、防溺水、防诈骗、防拐卖、防性侵等方面的安全知识教育，帮助其掌握安全知识和技能，增强其自我保护的意识和能力；

（六）帮助未成年人树立正确的劳动观念，参加力所能及的劳动，提高生活自理能力和独立生活能力，养成吃苦耐劳的优秀品格和热爱劳动的良好习惯。

这六点内容明确了家长要从不同方面对孩子进行家庭教育，促进孩子健康成长。

二、家庭教育的第一内容

培养孩子的家国情怀是家庭教育的第一内容。这一点包含三层意思——

(一)要做到"五爱"

2021年是中国共产党建党100周年，一定要给孩子讲清楚为什么要爱党、爱国、爱人民、爱集体、爱社会主义，"五爱"不是抽象的，而是具体的。通过党史学习，孩子可以了解中国共产党筚路蓝缕的奋斗历程，真切感受到没有共产党就没有新中国，没有共产党就没有强大的中国，从而从心底深处真正热爱中国共产党；爱国就是热爱伟大的祖国，热爱中华人民共和国；爱人民包括爱家人、爱同学、爱老师、爱同一个城市生活的市民、爱全体中国人民；爱集体就是要爱自己的家庭、爱自己的班级、爱自己的学校、爱社会这个大家庭；爱社会主义就是爱我们国家的政治制度，特别是当今世界新冠疫情肆虐的时代，中国人民众志成城，取得了抗疫的伟大胜利，使疫情防控进入常态化，保护了我国公民的身体健康，体现了社会主义制度的优越性。

(二)树立国家统一的观念

中国是一个多民族国家，一共有56个民族。各民族的文化、风土人情虽有所不同，但各民族相互团结、相互支持、共同发展、共同进步。香港、澳门、台湾是中华民族不可分割的一部分，与中华民族血脉相连。

（三）培养孩子的家国情怀

家国一体、家国天下是中华民族的传统，孟子说："天下之本在国，国之本在家，家之本在身。"家国一体，家是最小国，国是千万家，二者不可分割。家要爱，国家也要爱，爱家爱国是一致的，一个人如果连自己的家都不爱，连自己的父母及家人都不爱，肯定谈不上爱国。爱国应该是具体的，爱国旗、爱国徽、爱首都、爱天安门、爱单位、爱家庭。家长一定要告诉孩子，爱国爱家是一致的，当二者冲突时，国家利益要放第一位，岳飞的"精忠报国"很好地诠释了国家利益永远是第一位的。

优秀的学校特别重视孩子家国情怀的培养，一旦孩子具备家国情怀，孩子的学习动力就不一样，学习的内驱力就不一样，奋斗的激情就不一样，家国情怀是点燃孩子内心积极向上的火炬的关键。一个人没有家国情怀，即便再聪明，也只能做一个精致的利己主义者，变得自私自利。

三、如何培养孩子的家国情怀？

（一）爱国三问

"爱国三问"是南开大学老校长张伯苓提出的："你是中国人吗？""你爱中国吗？""你愿意中国好吗？"要让孩子认认真真地回答这三问。

培养家国情怀，首先要培养孩子的国家自豪感和责任感："我是中国人，我骄傲"，"我骄傲，我是中国人"，我要为国家强大付出自己的一切；每个家庭的命运与国家命运息息相关，我们中国好，大家才能好。

（二）学习英雄

习总书记在 2015 年 9 月 2 日颁发"中国人民抗日战争胜利 70 周年"纪念章仪式上的讲话中说道："一个有希望的民族不能没有英雄，一个有前途的国家不能没有先锋。"任何民族和国家如果没有英雄人物所代表的价值追求，就不可能有自己的精神坐标和前进力量。中国历朝历代英雄辈出，生活在英雄的国度里的孩子要学习英雄事迹，学习英雄精神，我们把英雄事迹和英雄精神渗透到孩子的心灵里。

"天下兴亡，匹夫有责"，家长一定要让孩子胸怀国家，心中有国。特别是在中国共产党百年历史中，涌现出很多爱国英雄，历史书中记载着许多英雄人物可歌可泣的事迹。司马迁的《史记》里记载了很多古代的英雄事迹，孩子多读历史书，就会发现历史规律，就会变成大智大慧的人。

此外，家长更要让孩子知道，英雄就在身边，疫情防控时的钟南山、李兰娟是英雄，其他所有投身抗疫战争中的医生、护士也是英雄，参与疫情防控的志愿者同样是英雄，正是由于这些英雄舍小家顾大家，我们才取得了武汉抗疫狙击战的胜利。

（三）挂上地图

培养孩子的家国情怀，家长要从挂上中国地图、世界地图开始，这是最简单、最有效的方法。中国地图要挂，世界地图也要挂，因为中国是世界的一部分，挂上世界地图，孩子才能知道中国在世界的哪个位置。我们反复强调要挂上中国地图和世界地图，就是为了让孩子胸怀中国，放眼世界，培养孩子的大格局、大视野。

中国地图能够最直观地告诉孩子：中国是什么样的，自己的家乡在什么地方，自己生活在哪个城市，国家的首都在哪里，名山大川在什么地方。我们观察发现，"两图一板"就是学霸孩子的学习基地，挂上地图之

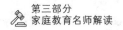
后，家长还要适时引导，这样孩子才能爱上学习。

(四)热爱家乡

爱国是具体的而不是抽象的、空洞的，爱中国，爱什么？由家庭到故乡，由故乡到自己生活的城市，再由城市到国家。为什么爱家庭？家里有最亲的人，家也是具体的，家是最小的地方。故乡是我们的根，那里有我们的乡亲，城市里有我们的市民，有我们的同学、朋友和老师。

(五)为中华之崛起而读书

"为中华之崛起而读书"是周恩来总理少年时代的理想，家长可以把这个故事反复讲给孩子听，问问孩子为什么读书，为谁而读书，引导孩子为中华之崛起而读书，为中国梦的实现而读书。家长必须树立孩子正确的读书观，即为中华之崛起而读书的读书观。

2021年是两个一百年的交汇时期，第一个一百年奋斗目标已经实现，我们已经建成小康社会，第二个一百年要把我们的国家建设成中等发达国家，我们的国家要步入发达国家行列，这一目标要靠我们的孩子去实现。

古代读书是为了填饱肚子，为了得到一个铁饭碗，为改变自己的命运。现在的孩子不缺吃少穿，为什么还要读书？因为他们肩负着中华民族复兴的伟大重任，他们要让国家更强大，他们要让民族去腾飞。孩子目标高远了，视野、眼界开阔了，他们的学习动力就不一样了。优秀的家庭、优秀的学校都能够站在民族复兴的高度去培养孩子。

(六)积极参加社会实践

家长通过让孩子参加社会实践活动，可以让孩子了解民生，熟悉乡情，知道自己生活的城市，进而了解国情，让孩子家事、国事、天下事，事事关心。

现在社会提倡做没有围墙的教育，就是为了让孩子走出自己的小家，走出校门，到社会一线，到基层去看一看。乡村孩子可以到城市看一看，城市孩子可以到乡村看一看，看看祖国发生的天翻地覆的变化，进而去了解社会、认识社会，增强自己的家国情怀。

华师一附中每年开展的"阳光义卖"活动、"徒步拉练"二十里的社会实践活动，各个班级组织孩子到工厂、车间、医院、敬老院、聋哑学校的参观活动，其目的就是让孩子亲自感受社会发生的深刻变化。家长也要带孩子在社区多参加义务劳动和志愿者活动，特别是疫情期间，需要大量志愿者，家长应该多参加，给孩子做榜样。

第六课　家庭教育的第一方法

一、了解家庭教育的方法

《家庭教育促进法》第十七条规定：未成年人的父母或者其他监护人实施家庭教育，应当关注未成年人的生理、心理、智力发展状况，尊重其参与相关家庭事务和发表意见的权利，合理运用以下方式方法：

（一）亲自养育，加强亲子陪伴；

（二）共同参与，发挥父母双方的作用；

（三）相机而教，寓教于日常生活之中；

（四）潜移默化，言传与身教相结合；

（五）严慈相济，关心爱护与严格要求并重；

（六）尊重差异，根据年龄和个性特点进行科学引导；

（七）平等交流，予以尊重、理解和鼓励；

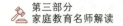

（八）相互促进，父母与子女共同成长；

（九）其他有益于未成年人全面发展、健康成长的方式方法。

其中"亲自养育，加强亲子陪伴"是家庭教育的第一方法；第二个方法是指教育孩子是父母双方的事情，任何一方都不能当"甩手掌柜"；第三个方法是教育孩子不能脱离日常生活，要创设环境，抓住时机，给孩子以正面教育；第四个方法是家庭教育就是潜移默化的教育方法，这个方法强调家长的榜样力量；第五个方法就是家长在教育孩子过程中要宽严相济，既要关心爱护孩子，又要严格要求孩子，不能任其发展；第六个方法就是每一个孩子都是不同的，家长一定要根据孩子自身的特点去实施教育，而不是搞"一刀切"；第七个方法是对孩子进行正面管教，家长要尊重孩子，理解孩子，多鼓励孩子，让孩子树立自信；第八个方法就是父母与孩子之间要相互学习，家长不仅是孩子的老师，孩子也可以做家长的老师，二者相互促进，共同成长。

这里重点分析家庭教育的第一方法。

二、家庭教育的第一方法

家庭教育的第一方法就是"亲自养育，加强亲子陪伴"。《家庭教育促进法》为什么要把这一条放在九个方法之首，就是为了针对很多家长、特别是年轻爸爸妈妈只生不养的现状。他们只生不管，生下孩子后就交给父母养、交给保姆带，致使父母陪伴缺失。这种情况相当普遍，不单在农村存在，城市也存在。

家长一定要明确一个基本的认识："我生，我养，我教""我的孩子我来带""孩子成长我负责"。《三字经》说："子不教，父之过"，孩子教不好是父亲的过错，古人尚且懂得这个最基本的道理，今天的父母更应该明白这一点。

家庭教育的第一方法包含两层意思——

（一）亲自养育

最好的家庭教育就是自己养育，自己的孩子自己教，自己的孩子自己养。为什么父母要亲自养育呢？我们经过多年研究，得出三点结论：

1. 90%以上的优秀孩子都是父母亲自带、亲自教的，隔代教育的优秀孩子不占10%。我们经常说的"隔代亲"，就是指爷爷奶奶、外婆外公对孙辈只知道爱和亲，不舍得管和教，只有爱没有教。现在的年轻父母将孩子交给老人带，是非常不科学的。

2. 养育孩子不是捏泥人，万一坏了，可以重捏。孩子的成长只有一次，不可以重来。幼儿园、小学阶段，孩子不良的行为习惯还来得及改正，一旦到了初中、高中，坏习惯就改不过来了，所谓"江山易改，本性难移"，说的就是这个道理。孩子生下来都是一张白纸，看父母早期给他什么样的环境，给他什么样的教育，不同的环境和教育将在这张白纸上描绘出不同的色彩，一旦描绘完毕，就很难再行更改。

3. 父母是有"有效期"的。前文强调过父母的有效期只有10年，也就是孩子0—10岁时期。10岁之前，孩子是可塑的；10岁以后，孩子已经养成各种习惯再也难以改变了。所以父母要抓住这个难得的"有效期"，自己带，自己管，自己教，自己养育，把孩子养好、教好、培育好、培养成才。

（二）加强亲子陪伴

教育即陪伴，家长不陪在孩子身边，就不存在教育，没有陪伴就没有教育。高质量陪伴就是高质量教育，即便你的孩子上不了名校，只要家长给予高质量陪伴，孩子同样是在享受高质量教育，反之，即使孩子在华师一附中这样的名校，如果父母陪伴缺失，孩子同样不能接受高质量教育。很多家长的陪伴是无效的、低效的，不是高质量亲子陪伴。那么，什么是高质量陪伴？家长应该如何做才实现高质量陪伴？

我们一直提倡"一、二、三高质量陪伴法"，具体如何操作呢？

1. "一"是指一块小黑板。在学校，黑板是知识的象征，孩子对老师用的黑板充满了向往。如果家庭也准备一块小黑板，孩子站在小黑板面前，就会非常自信地做小老师，可以学习任何东西，并讲给家长听。家长做学生，让孩子体会到自己的存在感和成就感，小黑板就是家庭教育的神器。

2. "二"是指两张地图，即中国地图和世界地图。家庭亲子大课堂从地图开始，地图本身就是一个大课堂，家长可以借此对孩子的综合能力、空间想象能力、方向感进行培养。地图里包含的不仅仅是地理知识，还包含科技知识和数学知识，地图是孩子探索世界的窗户，是孩子求知的大门。例如近期汤加共和国发生火山喷发，引起海啸，给人类带来灾难。孩子知道这个情况后，就想知道汤加在什么地方，为什么火山喷发这么可怕，为什么会产生火山喷发现象。家长再和孩子一起看地图，孩子就会知道，汤加在大洋洲，是南太平洋上的一个岛国，只有 10 多万人口。家长可以接着和孩子讲解汤加的人文、风土人情等知识，孩子的眼界就开阔了。当然，前文已经讲过，培养孩子的家国情怀，也需要借助这两张地图。

3. "三"是指每天三个"半小时"。即每天亲子共读半小时，每天亲子运动半小时，每天亲子交流半小时。家长千万不要以"忙"为托词，家长付出多少，孩子就会收获多少。三个"半小时"相加，也只有九十分钟。鲁迅说过："时间就像海绵里的水，只要愿意挤，总还是有的。"家长只要有意识地挤一挤，应该可以在共读、运动、交流三个方面交替陪伴孩子。不愿意挤出时间陪伴孩子的家长，只能算是一个不合格的家长，就不要指望能培养出成功的孩子。

首先是亲子共读半小时。孩子阅读能力强，理解能力就强，表达能力也会强。父母可以采取如下措施培养孩子的阅读能力：(1)带头读。有些家长说孩子不喜欢读书，那么，他应该先问问自己喜不喜欢读书。在孩子没有养成独立阅读习惯之前，家长一定要带头读，孩子耳濡目染，受到影响，自然也爱读书了。（2）父母陪孩子一起读。特别是孩子识字的数量还不足的时候，家长可以和孩子一起进行课外阅读，读经典，读名著，不读垃圾书。（3）让孩子读给父母听。孩子读完后，家长可以给孩子提一些问题，让孩子回答，也可以让孩子给家长提问题，让家长回答，这样可以增进亲子交流，培养孩子的识辩能力。

其次是亲子运动半小时。（1）选择孩子最喜欢的运动项目。运动和阅读一样，二者缺一不可，它们一样重要，甚至运动比阅读还重要，一定要选择孩子最喜欢的运动项目，孩子喜欢的，才能坚持下去。（2）每天坚持。每天都要运动，我们学习营有位名叫胡显华的老师，他儿子幼儿园时身体弱，总被其他小朋友欺负。胡老师根据孩子的喜好，给孩子选择了踢足球这个运动项目，并且找来专业教练，每天带着孩子一起踢足球。孩子在足球运动中提高了身体素质，在对抗中也培养了坚强的意志和抗挫折能力，精气神也变好了。（3）让运动成为孩子的习惯。我儿子小学二年级就开始打篮球，现在读研究生，还一直喜欢打篮球。孩子一旦爱上某类运动，成为特长，对后天的发展深有意义。很多高材生、很多名人名家都有运动爱好，高强度的学习、研究和工作都必须有强壮的身体作为支撑。现在很多孩子身体过胖，就是缺乏运动。运动是世界上最好的教育，孩子爱运动和爱学习常常相辅相成。

最后是亲子交流（重在感情，不是讲道理）半小时。（1）学会倾听，少说多听。现在家长知道的，孩子差不多都知道，家长唠唠叨叨，孩子多半反感，父母乐于倾听，孩子才愿意开口。（2）讲好自己的家族史。爷爷奶奶的奋斗史，爸爸妈妈的求学史，要找时机给孩子讲一讲，把家庭好的美德传承给下一代，激发孩子的亲情。（3）固定时间，找一个话题展开辩论。家长要善于创设话题，和孩子一起去辩论，这样可以培养孩子的表达、交际能力，还可以培养孩子的口才、思辨能力，对今后孩子的发展非常重要。任何事情都有两面性，一个问题从正反两方面去看，可以让孩子较早地接触事物的两个方面，增强孩子的逻辑思维能力和辩别思维能力。

我们反复强调，父母与孩子的共同点越多，越容易形成健康良性发展

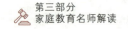
的亲子关系，教育就是亲子互动，亲子关系的好坏决定家庭教育的成败。家长与孩子不能同频共振，不在同一个频道上，很难处理好亲子关系，家庭教育的本质就是形成健康积极的亲子关系，很多数据表明，亲子关系越好，孩子的成绩就越好。家长一定要用心用情去陪伴孩子，用智慧去引领孩子成长。

三、家庭教育小贴士

（一）孩子不和家长沟通怎么办？

孩子不和家长沟通，往往是父母的陪伴不够，亲子关系出了问题，家长要先检查自己，孩子的问题一般都是父母的问题。家长可以多朗读父母规，每天都要朗读，要知道父母是原件，孩子是复印件，父母会在潜移默化中感染孩子。

（二）孩子爱看课外书，不愿做寒假作业怎么办？

孩子喜欢看课外书是好事，但家长一定要知道孩子看的是什么课外书，家长要弄清楚孩子不愿做寒假作业的原因，是寒假作业太难了，还是孩子没有做作业的兴趣？家长先要严肃表明观点，作业可以晚点完成，但必须要完成，每天都完成一些。做寒假作业是让孩子巩固好习惯的有效方法。

（三）孩子的爸爸太忙，没时间教育孩子怎么办？

教育孩子是父母双方的事情，妈妈的教育爸爸代替不了，爸爸的教育妈妈也替代不了，夫妻双方要互相配合，互相支持。形象地说，爸爸是天，妈妈是地，孩子在天地之间，缺少天的教育，孩子就缺乏阳刚之气，有些爸爸以忙为借口不去教育孩子，这是极端错误的。有些爸爸即便在外地打工，周末也可以打电话，和孩子视频通话，说说自己本周干了哪些辛苦活儿，孩子会体谅爸爸的不容易。同时，爸爸可以借此了解孩子在家和学校的表现，及时解决孩子学习生活中的问题，从而增强爸爸和孩子之间的亲情，这对孩子的成长非常有好处。

第七课　如何安排孩子的假日生活？

一、法律规定

《家庭教育促进法》第二十二条规定："未成年人的父母或者其他监护人应当合理安排未成年人学习、休息、娱乐和体育锻炼时间，避免加重未成年人学习负担，预防未成年人沉迷网络。"我们从这条规定中可以看出，"合理安排"是关键词，孩子放寒假也要学习，还要休息、娱乐，进行体育锻炼，"合理安排"才能达到各方面的平衡。如果没安排合理，孩子还容易沉迷于玩手机或玩网络游戏；如果没安排合理，孩子此前养成的良好的生活习惯、学习习惯会毁于一旦。那么，家长该怎样"合理安排"孩子的寒假生活？

家长要明确寒假的特殊性。寒假跟暑假不一样，其特殊性在于寒假是"过春节"的假期，放寒假是为了"过春节"，持续时间较长。按照中国传统习俗，从喝腊八粥开始就算过年了，一直持续到正月十五元宵节。春节是中华民族传统佳节，也是亲人团聚的节日，家长要让孩子在这段时间感受到亲情，理解亲情，表达亲情，珍惜亲情。亲情，是孩子前进的动力之一，是孩子成功的重要法宝。感受不到亲情和亲人之爱的孩子缺乏温暖，没有斗志。所以，寒假对孩子的亲情教育特别重要，家长要教会孩子走亲访友，拜年，孝敬长辈，要让孩子知道春节有很多非常重要的仪式，要让孩子懂得感恩我们的祖先。

二、忠告与建议

（一）四个忠告

1. 继续保持上学时期的好习惯。孩子一定不能一放假就"任我行"，就开始晚上熬夜，早晨不起床。孩子的生活节奏还应该像在学校一样，早睡、早起、早读、吃早饭、早锻炼，这些好习惯一定要坚持。孩子如果放任自流，就很难适应开学时的校园生活。

2. 坚持完成寒假作业。孩子在假期每天的生活怎样安排，要有计划性，要把完成老师、学校布置的假期作业放在计划的首要位置。其次，要安排一定的读书时间，一定的娱乐时间，一定的锻炼时间，每天还要安排孩子参与一些必要的家庭劳动。

3. 安排补习弱势学科。很多孩子在学习中存在偏科问题，要趁假期时间"补一补"弱势科目。在"双减"政策下，孩子上不了培训班，但家长可以请大学生给孩子补课，亲戚中的、邻居或同小区的大学生都可以请。

4. 读 3~5 本名著。在 3~5 本名著中，至少要读一本世界名著。幼儿园时期的孩子假期也可以读读名著绘本；小学生可以读青少年版四大名著，也可以试着读读原本；初中生就可以读原著了，要原原本本、一字不漏地读。

（二）六个建议

1. 加强安全教育。家长要教育孩子春节期间注意防火安全，燃气安全，用电安全，交通安全，不接触刀具等危险物品。东北、西北地区天气比较寒冷，如果河面、湖面结冰，家长要教育孩子不要踏冰。疫情期间，家长要教育孩子安全防控，不到人员密集场所，外出要做好个人防护，返校前14天要居家隔离，有发烧、干咳等症状要向家长反映，家长要按照规定及时向社区报告，必要时要到指定医院做相关治疗。对年龄小的孩子，家长还要进行交往安全教育，教育孩子不和陌生人说话，幼儿园的孩子家长一定要看护好。

2. 养成一些好习惯。寒假是培养孩子好习惯的时间段，如练字的习惯，每年高考，总有一些成绩好的孩子因为书写不好，没有考上理想的大学。练字不分年龄段，幼儿园、小学、中学的孩子都可以练，家长还可以和孩子一起练，共同进步。如阅读的习惯，孩子平时上学忙，作业多，没有时间阅读，正好可以利用假期进行有计划的阅读。家长可以和孩子一起读名著，名著不厌百回读，一本名著就是一本百科全书，一本名著胜过一百本乱七八糟的书。如运动的习惯，热爱运动的好习惯会让孩子终生受益，无论是中考、高考复习还是研究生考试复习，孩子们不只是拼学习，更是拼体力；孩子大学毕业参加工作，假如没有好的身体，哪个单位会愿意接受呢？我们曾经举办过一次亲子训练营，营里有个孩子最初不喜欢运动，家长就想办法陪孩子一起运动，让孩子选择一项喜欢的运动。他们就开始打乒乓球，现在打得不亦乐乎，已经养成了经常打乒乓球的习惯，孩子的成绩也非常优秀。当然，要养成好习惯，一定要自律，没有自律就没有好习惯；孩子养成好习惯，既要靠孩子的自律，也要靠家长的自律。

3. 学会一些新本领。比如不会骑自行车的孩子，家长可以教会孩子骑自行车，现在很多大城市都有共享单车，既环保，又节能，孩子完全可以利用假期学会骑车。比如没有拿到驾照的大学生，可以利用假期考取驾照，学会开车，现在很多学生高中一毕业就学会了开车，他们很有成就感。孩子还可以学剪窗花、学习动漫设计、学习制作专题PPT等，家长可以根据孩子的特点让孩子自己去选择学习。

4. 交一个新朋友。有的孩子不擅长交际，家长带孩子假期走亲访友时，要鼓励孩子交新朋友，也可以交同一个小区里或同住楼上楼下的新朋友。孩子通过交朋友培养自己的社交能力，学会与别人交往。当然，交朋友一定要交三观正、品行好的孩子。

5. 学会做一道菜或给家人做一顿饭。春节假期期间，家家户户都购置年货，准备年夜饭。家长可以跟孩子一起开发一个新菜品，从怎样准备食材到炒菜的基本步骤，都让孩子了然于心，通过做菜来培养孩子的生活能力。孩子将来无论做什么工作，首先要养活自己。给家人做一顿饭，也是孩子感恩的一种表现；父母天天给孩子做吃饭，并非天经地义之事。孩子亲手做一顿饭，知道了做饭不如吃饭那么简单容易，就会体会到父母的不易，就懂得感恩。

6. 严格控制孩子玩手机的时间。有专家说：废掉一个孩子最快的办法，就是给他一部手机。家长一定要让孩子树立这样一个理念：手机是买来用的，不是买来玩的，手机是工具，不是玩具。幼儿园孩子不能用手机，中小学生可以用手机，但不能长时间玩手机。现在有的孩子玩手机成瘾，会导致很多不良后果，家长把家庭生活安排得尽量丰富，一定要想方设法找一个更好玩的项目来代替玩手机。同时，家长自己更要放下手机，如果家长带头玩，孩子自然也想玩，家长一定要给孩子做好榜样。寒假可以有学有玩，玩学结合，但一定要玩得健康。如果孩子玩得不健康，沉迷手机游戏，一个寒假就废掉了，别人家的孩子逆袭了。

三、家庭教育小贴士

（一）孩子在假期喜欢看漫画书，可以吗？

当然可以，家长可以指导孩子看或者陪孩子一起看一些有意义的漫画书，有些世界名著也制作成了漫画书，像《父与子》等。

（二）六年级孩子可以读名著原本吗？

可以的，前文已经说过，名著原本更适合中学生阅读，但对语言文字感悟力强的孩子，可以提前阅读。名著常读常新，孩子长大后可以重读，会获得不一样的感受。

(3)哪些书适合孩子在假期阅读?

我们利用新父母在线微信公众号的推文,推出了《人民日报》推荐的1~9年级的孩子必读的100本书,家长可以看一看,这些书都适合孩子阅读。

◎作者简介:

党波涛,河南平舆人,1975年7月出生,中共党员,华中师范大学副教授,网络文化建设办公室主任,华大新父母教育研究院执行院长,知名亲子教育专家,新父母在线品牌创办人,中国家庭教育学会理事,湖北省中小学学校文化研究会理事,湖北省素质教育研究会副秘书长,长江教育研究院特聘研究员,主编出版多种家庭教育读物。

第四部分
优秀家长经验分享

华师一家长心中的《家庭教育促进法》

谢春林　郑志雄

　　家庭是人生的第一所学校，家长是孩子的第一任教师，家庭教育与学校教育、社会教育均是国民教育和终身教育体系的重要组成部分。① 但与学校教育和社会教育不同的是，人们一直认为家庭教育是家庭内部的私人事务，这主要是因为：其教育实施的主体一般是父母等近亲属，其教育空间一般在家庭内部，具有私人性。但从把每一个孩子培养成"德智体美劳全面发展的社会主义建设者和接班人"的视角来看，家庭教育也是国事。

　　中华人民共和国成立73年来，我国现行法律、法规和政策性文件对家庭教育有所规范，但大部分关于家庭教育的相关要求散落在中小学管理与教学等方面的文件中，不够全面系统。如1994年发布的《中共中央关于进一步加强和改进学校德育工作的若干意见》提出"学校要通过家长委员会、家长学校、家长接待日等多种形式与家长建立经常联系，大力普及家庭教育知识"。② 党的十八大以来，在"立德树人"教育目标引领下，在推进教育治理现代化的过程中，党和国家高度重视家庭教育。2015年发布的《教

---

① 薛宁兰．为什么要把家庭教育写入民法典[EB/OL]，https：//www.sohu.com/a/194667771_648952,2017-09-26.

② 中共中央．中共中央关于进一步加强和改进学校德育工作的若干意见(中发[1994]9号)[Z]，1994-08-31.

育部关于加强家庭教育工作的指导意见》，将加强家庭教育列入 2019 年"奋进之笔"攻坚计划，提出了研制指导手册、启动家庭教育立法研究与家校共育机制实践试点等具体措施。① 2016 年全国妇联、教育部等九部委出台的《关于指导推进家庭教育的五年规划（2016—2020 年）》提出将家庭教育指导服务纳入城乡公共服务体系。② 2018 年习近平总书记在全国教育大会上，从"四个第一"的高度对家庭教育做了深刻论述，指出："家庭是人生的第一所学校，家长是孩子的第一任老师，要给孩子讲好'人生第一课'，帮助扣好人生第一粒扣子。"总书记的讲话高度概括了家庭教育的重要性，对新时代家庭教育建设具有重要的指导意义。2021 年 10 月 23 日第十三届全国人民代表大会常务委员会第三十一次会议通过了《中华人民共和国家庭教育促进法》（以下简称《家庭教育促进法》），《家庭教育促进法》是我国首部家庭教育立法，其施行标志着中国家庭教育迈向了法治化时代。

我国家校合作关系伴随着 70 多年经济、社会的发展变迁不断发生着变化。在中华人民共和国成立初期，教育的功利化倾向突出，家长对于学校而言只是帮助解决困难的"工具性"角色。在改革开放时期，虽然强调德育和良好育人环境，但家长对于学校而言依然是配角。21 世纪初，党中央作出推进素质教育的决定，家庭和家长对于学校教育的价值与地位逐渐得到认识和重视，家长成为学校重要的支持力量，家长委员会的建设成为重点。党的十八大以来，家庭、家教和家风建设受到前所未有的重视。习近平总书记在会见第一届全国文明家庭代表时强调："无论时代如何变化，无论经济社会如何发展，对一个社会来说，家庭的生活依托都不可替代，家庭的社会功能都不可替代，家庭的文明作用都不可替代。无论过去、现在还是将来，绝大多数人都生活在家庭之中。"随着 2020 年脱贫攻坚战的

---

① 边玉芳，周欣然. 我国 70 年家校合作：政策视角下的发展历程与未来展望[J]. 中国教育学刊，2021（3）：1-6.

② 全国妇联合教育部、中央文明办、民政部、文化部、国家卫生和计划生育委员会、国家新闻出版广电总局、中国科协、中国关心下一代工作委员会. 关于指导推进家庭教育的五年规划（2016—2020 年）（妇字〔2016〕39 号）[Z]. 2016-11-14.

圆满收官，全面建成小康社会目标的如期实现，中国进入"特色社会主义新时代"，全面开启建设社会主义现代化强国、实现第二个百年奋斗目标的新征程，家庭教育也将进入战略发展新时期。2021 年，《家庭教育促进法》应运而生。与之前政策文件不同的是，《家庭教育促进法》的核心是为家长赋能，通过第三章"国家支持"和第四章"社会协同"明确国家、社会等相关主体要为家长提供家庭教育支持帮助的权利和义务，促进家长家庭教育能力的提高。①

中国家庭教育学会副会长、教育部家庭教育指导专委会副主任委员孙云晓指出，《家庭教育促进法》确立了父母和其他监护人在家庭教育中的主体责任——父母亲自养育和加强亲子陪伴，这是一项不可动摇的法治原则。"养育"有两方面：一是"养"，二是"育"。"养"是给孩子最基本的温饱条件，"育"则是针对孩子的身心健康、性格养成、良好习惯、文化修养、道德品质等尽心抚育。用爱贯穿养育孩子的全过程是家庭教育的核心原则。

一、 亲自养育， 加强亲子陪伴
——由电影《哪吒之魔童降世》看现代家庭教育

《哪吒之魔童降世》是由霍尔果斯彩条屋影业有限公司出品的动画电影，于 2019 年 7 月 26 日在中国内地上映。该片改编自中国神话故事，讲述了哪吒虽"生而为魔"却"逆天而行斗到底"的成长经历。在这部电影里，哪吒不再是一个正义凛然的小英雄，而是一个胡作非为的"魔童"。李靖夫妇，哪吒的父母，尤其是父亲李靖也不是一个只有家国情怀的冷面将军，而是父爱如山的普通版"父亲"。这部影片就是一部现代版的家教典范。李靖和殷夫人完美诠释了现代家庭教育观的精髓——爱是家庭教育的主旋

---

① 专家谈家庭教育促进法：家庭教育各责任方均须依法履责。[EB/OL]，https://m.thepaper.cn/baijiahao_15068823，2021-10-25.

律。爱是什么？雅斯贝尔斯在《什么是教育》中说："爱是教育的原动力。"①获得全国儿童歌曲大奖赛金奖的歌曲《爱我你就抱抱我》则告诉我们："爸爸妈妈/如果你们爱我/就多多地陪陪我/如果你们爱我/就多多地亲亲我/如果你们爱我/就多多地夸夸我/如果你们爱我/就多多地抱抱我。"

　　《哪吒之魔童降世》里的魔童哪吒就得到了父母无条件的爱。小"哪吒"出生时阴错阳差由灵丸变成了魔丸，出生后在村民的偏见、同龄小孩的疏远中艰难成长。为了排遣满腹孤独与愤怒，哪吒经常闯祸，他的父母——李靖和殷夫人为他操碎了心，想方设法让他学本领走正道，帮助他在剧痛中蜕变成长。村民们要哪吒死，母亲殷夫人把他紧紧抱在怀里，说"谁也不许伤害我的孩儿"。在哪吒成长的过程中，殷夫人经常独自外出四处除魔为哪吒积累功德，一有空闲就在家陪哪吒踢毽子，她用"虎妈"的勇敢护佑儿子的安全，用慈母的温柔抚慰儿子对玩伴与认同的渴望。父亲李靖则靠着多年守护陈塘关的声望，恳求乡亲们放过哪吒，承诺"我会管好我儿"。为了让他活着，李靖悄悄上天去求元始天尊，不顾太乙真人的阻拦，向看门仙求得换命符，要在三年雷劫到来之时，引雷给自己，以命换命。为了让哪吒得到村民们的认可，他放下自尊恳请村民们参加"哪吒"的生日宴。在生日宴上李靖对哪吒说，希望他一生平安，然后给他戴上了用来替他遭劫的"平安符"，这简单朴素的心愿背后藏着如山的父爱与难言的苦楚。正是李靖的替死符，才让魔化的哪吒在亲情的感召下回归自我。电影用李靖舍身救子的剧情消解了父权图腾的禁锢，同殷夫人一起成了子女教育的正向楷模。② 父母之爱的深沉感动了哪吒，也让观影的观众为之动容。

　　哪吒做好事反遭误解，人们对他拔刀相向，只有父母相信他，为他力

① 雅斯贝尔斯. 什么是教育[M]. 北京：生活·读书·新知. 三联书店，1991：92.

② 影片《哪吒之魔童降世》影评［EB/OL］. https://zhuanlan.zhihu.com/p/75417074,2019-07-27.

证清白。父亲只想他活着，母亲只要他快乐，于是父母联合太乙真人一起给哪吒创造了一个世外桃源，让哪吒在那里尽情折腾而不伤害到他人。父母至坚至纯的爱成了哪吒最后坚守的动力，给了他选择逆天改命的勇气。毋庸置疑，亲情与陪伴是感召哪吒回归的重要保障。拉康的镜像理论也早已证明，通过父母之爱的催化，我们会由别人眼里的"魔童"变成父母想要见到的"灵童"。

《家庭教育促进法》指出，家庭教育应当"尊重未成年人身心发展规律和个体差异"。尊重个体差异，更多的是接纳不完美的孩子。不难想象，"魔童"哪吒如果被李靖和殷夫人放弃，结局该怎样的残忍？哪吒的出生错误不是他的选择，却成了他的"原罪"。当他还只是一个不谙世事的孩童时，他渴望友情，渴望得到群体认同，却处处遭遇冷眼和敌意——胆大的孩子们朝他扔蔬菜和鸡蛋，鸡蛋打碎在他的肚兜上。哪吒没有正常的童年，没有合群的玩伴，于是他用各种"恶作剧"捉弄欺负他的孩子们，把村民吓得魂飞魄散。对待他的"顽劣"，父母没有怪他是个"麻烦"，没有因为他的"闯祸"而对他拳打脚踢，而是设身处地地为他着想，无怨无悔地帮他收拾残局，竭尽全力地引导他走上正道。影片舍弃了原版哪吒"割肉还父、剔骨还母"的传统故事情节，父母的形象被柔化重构。跟传统的封建卫道士不同，仁厚而慈爱的李靖夫妇对顽劣的哪吒没有拒斥。父亲外严内柔，母亲独立勇敢，全都无条件地爱着哪吒，始终鼓励孩子战胜困难，父母的这种心态具有鲜明的时代意识，而导演使用的仰拍镜头的处理手法，正是对父母之爱的礼赞。用美国畅销家庭伦理小说《小妇人》里的一句话总结哪吒的成长历程，那就是：爱是治愈一切的良药。

二、 共同参与， 发挥父母双方作用
——《爱弥儿》对现代家庭母职文化的启示

《爱弥儿》是法国 18 世纪启蒙思想家、哲学家、教育家、文学家

让-雅克·卢梭（Jean-Jacques Rousseau）的经典著作，系统反映了卢梭的教育思想。① 在《爱弥儿》中，卢梭认为女性教育的价值主要体现在社会再生产领域——家庭，认为女性利用男人的地位并通过男人的优点来驾驭男人是一种女性智慧，是女人真正的资本。女性所受的所有教育都不是为了让自己变得更好，体现自己的个人价值和社会价值，而是为了增强她们的魅力以取悦男人。因此在女性教育中，对女孩子严格管教是为了养成她们温顺的品性和培养她取悦男人的智慧，从而更好地完成适合她们的事务——管理家务和养育子女。但是在养育子女方面，卢梭认为，母亲的责任在于"养"，父亲的责任在于"育"，他说"真正的保姆是母亲，真正的教师是父亲"。卢梭还强调母亲在家庭道德秩序中的中心地位，因为"一旦女人负起做母亲的责任，男人自然也会成为好丈夫和好父亲"。

从某种意义上讲，卢梭对女性价值的认识是对女性的歧视，这种根深蒂固的歧视使得追求男女平等在西方的文化建设中走过了血雨腥风之路。恩格斯在《家庭、私有制和国家的起源》一文中指出："妇女解放的第一个先决条件就是一切女性重新回到公共的劳动中去。"②1963 年，美国当代著名的女权运动家和社会改革家贝蒂·弗里丹出版了《女性的奥秘》③。这本书描述了 20 世纪五六十年代美国郊区中产阶级家庭主妇的生活状态和她们身上的"无名痛"——按照社会规范和标准，这些郊区中产阶级家庭主妇的生活应该是幸福的，但她们陷于焦虑、困惑，有某些生理和心理的症状，这些东西是无以名状的。通过对美国的教育界、学术界、商界中的性别歧视问题的采访和分析，贝蒂指出"女性的奥秘"的荒唐之处：它本质上要求女性放弃接受高等教育的权利，放弃自己的职业，而成为一名职业家庭主妇。

职业家庭主妇，或曰全职妈妈，是一种危险系数很高的女性职业。全

---

① 卢梭. 爱弥儿[M]. 檀传宝等，译. 北京：中国轻工业出版社，2018.

② [德]弗里德里希·恩格斯，中共中央马克思恩格斯列宁斯大林著作编译局. 家庭、私有制和国家的起源[M]. 北京：人民出版社，2018.

③ 贝蒂·弗里丹. 女性的奥秘[M]. 北京：北方文艺出版社，1999.

世界都有全职妈妈的影子：不同的国家，不同的文化背景，无论曾经有着怎样的高等学历和社会头衔，曾经参与怎样的社会分工和扮演了怎样的社会角色，全职家庭主妇在成为母亲后都面临同样残酷的社会法则。全职妈妈在家庭里扮演着保姆、司机、家庭医生和家庭教师的多重角色，她的全部价值都体现在孩子的教育上。耶鲁大学人类学博士温妮斯蒂·马丁在《我是个妈妈，我需要铂金包》一书中记录了自己的真实感受："在上东区，当母亲是一种不成功便成仁的高风险职业，当母亲的人压力很大，很焦虑，因为成功或失败的责任，通通在我们身上。孩子要是成功，那是我们的功劳，孩子要是失败，那是我们当妈的失败。"[1]无独有偶，韩剧《天空之城》和日剧《母亲的游戏》都在表达这种类似的母职焦虑。

在中国，倡导"女子无才便是德"的儒家文化在古代中国的统治地位长达 2000 多年，女性的社会价值几乎从未被认识。中国传统的女性没有自我评价权，其价值主要取决于男性对她们的评价。可以说，男性对女性的评价是女性价值的基石。对一个女人而言，丈夫和儿子才是她们的荣耀，有"妻凭夫贵""母凭子贵"之说。而女人的名声的主要评价者也是家庭里的男性，它是让女人获得荣耀的王冠。在封建社会里，一个女人应当具备的最重要的品质就是温顺贤良，从小就要学会毫无怨言地忍受丈夫不公正的对待和错误的行为。直到康有为和梁启超等有识之士从西方学习归来后，倡导男女平等的呼声才开始响起。毛泽东曾指出："妇女能顶半边天。"习近平在全球妇女峰会上强调，在中国人民追求美好生活的过程中，每一位妇女都有人生出彩和梦想成真的机会。[2]

当然，我们今天看卢梭的女性教育观，觉得有许多不尽完美之处，但如果审视其家庭教育观——一个母亲如果不把孩子带在身边就无法获得足够的尊重，因为母亲如果不亲自养育孩子，家人就无法相亲相爱，家庭生

① 温妮斯蒂·马丁. 我是个妈妈，我需要铂金包[M]. 许恬宁，译. 北京：中信出版集团，2019.

② 习近平. 促进妇女全面发展 共建共享美好世界[N]. 人民日报，2015-09-28（01）.

活也因此不复存在，会发现其在当下中国甚至是全世界依然有很强的现实意义——孩子需要父母亲自养育。如今，虽然在全球范围内男女平等的观念已经深入人心，但是中西方女性在家庭中承担的母职责任大同小异，由此带来的父职缺席和母职焦虑也引发了全社会的广泛热议。根据美国贝恩公司开展的关于职场两性平等的 2014 年调查结果显示，中国女性就业率高达 73%，领先于美国（62%）、英国（67%）、澳大利亚（66%）等发达国家，是全世界女性就业最高的国家之一。但是，这个让人骄傲的数字背后是万千的家庭骨肉分离——不少女性因为要承担养家糊口的责任而不得不背井离乡，将年幼的孩子托付给家中的老人抚养，造成了中国独特的社会现象——留守儿童。即使能够与孩子朝夕相处，中国妇女也有可能面临保姆式妻子、守寡式婚姻、丧偶式育儿等种种母职包揽一切而父职缺失的家庭生活。当然，这种情况在他国也不鲜见。1997 年，美国教育部发起了国内家庭教育调查，随后出版的长达 182 页的名为《父亲对儿童学业的参与情况》（*Fathers' Involvement in Their Children's School*）的报告指出：绝大多数父亲很少参与孩子的学业，其主要角色是赚钱养家，并且随着孩子年纪的增长，父亲在他们生活中的参与越来越少。

在中国，随着双职工制度的推行，越来越多的女性走出了家门，接受正规教育，参与社会大生产，其政治地位、经济地位、社会地位和家庭地位都有显著提升。在早年的双职工时代，大家都是铁饭碗，企业人情味重，上下班时间灵活，企业自带幼儿园和医院诊所，育儿成本低，妈妈们基本上都可以兼顾工作和带娃。现在这种情况已经发生了改变，在经济高度发展的情况下，女性可以有更多选择，选择做职业女性或是全职家庭主妇。但是一方面，选择做全职家庭主妇有时不是自愿的而是被迫的，极大可能会遭受"无名痛"；另一方面，如果选择做职业女性，父母共同参与是养育孩子的大前提。现实情况却是，女性在家庭里要承担大部分的家务和照顾孩子的主要任务，母职的沉重负担几乎压得职业女性喘不过气来。在欧美国家，职业女性的这种平衡工作和家庭的能力会得到尊重和欣赏；在东方，却被认为是天经地义和理所当然，这是职业女性母职焦虑的根源之一。

全职家庭主妇母职焦虑的根源之二在于女性社会公共价值的缺失。当女性角色最终只有一个归属——母亲和妻子，她们失去了个体与社会的连接，失去了自己的欲望和情感，失去了自我发展的动力，唯有孩子的成就是丈夫、丈夫的家庭乃至社会对其唯一的评判标准，没有哪个家庭会因此能获得真正的幸福。英国作家蕾切尔·卡斯克在《成为母亲：一位知识女性的自白》一书中哀叹，"母性是一座与外部世界隔离开来的围城"，"做母亲时，女性放弃了自己的公共价值，以换取一系列私人意义"。她很快发现与公共角色丧失同期而来的是育儿导致的家庭内部的性别不平等：男性通过外界、金钱、名望和权威的保护而巩固了统治地位，而女性因为生儿育女获得的母职扩展到整个家庭领域。①

解决母职文化焦虑的最佳途径是父母共同参与家庭教育，发挥父母双方的作用。首先，家庭教育不能没有科学导航。父母要主动积极地学习《家庭教育促进法》等相关的家庭教育知识，提高对家庭教育的认识，明确家庭、家教、家风建设的重要性，随着孩子的成长不断更新知识，学会终身学习。其次，父母一定要把孩子带在身边，亲自养育。父母对子女的情感勾连是任何人都无法替代的，亲自养育让父母子女之间的爱更加牢固，教育才能真正发挥作用。如果父母不能在孩子 6 岁之前与之建立起亲密的亲子关系，将来极易导致孩子与父母关系疏远，甚至造成孩子情感和人格的偏差，引发种种心理疾病。隔代抚养或代理家长弱化了家庭功能，更易养成孩子任性、自私、为所欲为的性格。最后，家庭教育不能没有分工。父母要共同协商，根据实际情况明确双方养育孩子的具体责任和家务分配方案，尤其要明确父亲的责任和义务。家庭教育是婚姻里不可逃避的责任，谁都不能以工作忙、压力大为借口，逃避责任。一个和谐幸福的家庭，是由父亲的格局、母亲的慈爱、孩子的有趣组成，这是家的黄金

---

① 蕾切尔·卡斯克. 成为母亲：一位知识女性的自白[M]. 黄建树，译. 上海：上海人民出版社，2018.

三角。

三、 严慈相济， 关心爱护与严格要求并重
——用亲情浇灌德育之花

古人家庭教育的核心是德育。《老学究语》中说："有儿不教，不如无儿；教以不正，何以为教？"①所谓"正"，就是正道，意即：不用正道来教育子女，还能用什么来教育子女呢？《左传》中石碏劝谏庄公说："爱子，教子以义方，弗纳于邪。"所谓"义方"就是说要用做人的正道去教导子女，不能使他们走上邪路。"正道""义方"也就是我们今天所说的德育。家庭教育是教育的基础，尤其在德育上，家庭教育有不可替代的一面。②

北京教育科学研究院曾经对三千多个家庭的教育状况进行过调查，统计结果显示，家长认为最需要的素质教育内容，排在前三位的分别是智育、学习方法、学习习惯，而像"爱国主义教育""社会主义教育"这些重要的德育内容，选项率没有超过12%。研究结论指出，当代家庭教育中存在着"三重三轻"现象，即"重智育、轻德育""重知识、轻能力""重成才、轻成人"。显而易见，家庭教育中的"三重三轻"现象是家庭教育中出现的偏差，对推进素质教育十分不利，值得我们深思。家长要想提高家庭教育的质量和效果，就要学习家庭教育策略，提高教育技巧和教育艺术的水平，走出家庭教育的误区。

下面以我们家发生的一件小事谈谈家庭教育中的"德育"思考。我女儿升入高三之前，我和她约定：高三一年的学习之余，可以看书，也可以看电视，但要远离手机。刚开始的半个月，女儿的确做得很好，每天都看书。半个月以后，她开始看电视。之后，她说晚上回家吃饭浪费时间，不

---

① 李西沤. 老学究语［EB/OL］. https://www.zhonghuadiancang.com/xueshuzaji/laoxuejiuyu/71574.html.

② 徐俊峰. 家校协同育人需要有明确的分工［J］. 人民教育，2020（07）：70-71.

如留在学校刷题。这个想法让我和她爸爸欣慰不已。为了体现对她的爱与支持，她爸爸自告奋勇每天下午回家取饭，按时送到学校，一方面帮女儿节约时间，另一方面保证她的营养。这样的日子大约持续了半个月。

一次，她爸爸有事，匆忙把晚饭带到办公室，离开前交代女儿吃完了抓紧时间刷数学题。女儿乖巧地答应了。大约一个小时后，她爸爸提前回到了办公室。女儿趴在桌上做题，一切看起来似乎很正常。可是她爸爸去倒水的时候，惊讶地发现插座上插了一个他没有用过的手机充电器，于是质问女儿，并在女儿口袋里发现了之前放在家里的手机……这不是女儿第一次利用我们对她的信任跟我们躲猫猫。女儿小的时候喜欢看书，常趁我不注意，不写作业偷偷看书，快睡觉了才慌慌张张赶作业。后来喜欢玩电脑，趁我不在家或忙于工作时，偷偷玩电脑。再后来，有了手机，她又玩出各种花样。

我们一直游走在"信任—被辜负—批评教育—收敛一段时间"的死循环里。虽然我和她爸爸一直告诫她失去信任是一场灾难，但总因为她认错态度好而不忍心处罚她。这一次，我和她爸爸痛定思痛，决定不管女儿怎么忏悔，怎么表现，都要处罚她，绝不心慈手软。于是我给女儿写了一封长信，告诉她遵守规则的重要性以及违反规则必受处罚的原则。在信中，我说——

"人品，就像银行里的存款，每用一次，就少一点。甚至有时候，就像没有保质期的食品，只要打开破坏过，就再也不能封存保留。你对于信任，对于人品，缺乏最基本的珍惜和爱惜。你随意践踏自己在我们心里眼里的形象。因为你知道：我们爱你，最终会原谅你。

"我们的确非常非常爱你。哪怕你一无是处，都无法停止让我们爱你。可是女儿，我们的爱只能护你到高三毕业。上了大学，或走上工作岗位，你如果随意践踏规则，失去了别人的信任，你将没有朋友，没有爱人，没有饭碗，只有垂垂老矣的我们。

"规则在心里，不在墙上也不在纸上。别人不用告诉你错在哪里，只需用自己的方式惩罚你或处罚你。如果有那一天，爸爸妈妈会难过今天的失职。"

写完信后，我和她爸爸郑重决定：未来的一个月，取消早上和中午骑车送女儿上学的便利，取消晚上到学校送饭给女儿的便利。除此之外，女儿还必须写一份 3000 字的检查。

除了上述处罚，在家里，我们对女儿还是一如既往，既不对她冷暴力也不责骂她。女儿虽然看起来有些难受，但心存侥幸，以为只要在接下来的高三起点考中考出优异的成绩，我们就会原谅她。我和她爸爸猜到了她的心思，却不动声色。三天后，女儿的起点考成绩出来了，虽然数学只考了 98 分，但依然在班上排名第五。我和她爸爸对她的成绩并没有给予特别关注——对她考好了科目没有给予表扬，对她考砸了的数学也没有提出批评。一天晚上，女儿委屈地对我说："妈妈，我就数学没考好，其他科目都考得不错的。"我严正地告诉她，这次考试，她就是考年级第一，考满分，我们也不会提前结束对她的处罚，因为这是两回事，成绩绝对不能与品德进行交换。

处罚坚持了一个月。好多次，看到女儿清晨出门前手忙脚乱，看到中午她在炎炎烈日下行走，我们也有些于心不忍，很艰难地跟自己做斗争。一个月后我们对女儿的处罚结束了，在这一个月的后期，女儿在学习上比以前专注了；在生活中比以前懂事了，不再跟我们"躲猫猫"。一个月后的期中考试，她的总分、班级排名和年级排名也都有了明显进步。

通过以上案例，我们可以发现：**家庭教育中德育与智育相辅相成，要平衡发展，不能顾此失彼**。世界著名教育家科尔伯格和皮亚杰均认为，家庭中子女思想道德和价值观的形成与父母的教育息息相关。总而言之，家庭教育中，我们要牢记严慈相济，关心爱护与严格要求并重的"三好"原则：好的家长，不是要给孩子创造一个无菌的环境，而是让他/她学会在复杂的环境里自我成长；好的孩子，不是两耳不闻窗外事，一心只读圣贤书，而是要心如明镜台，时时勤拂拭；好的习惯，不是一朝一夕一蹴而就，而是要千锤百炼反复打磨。

四、 相机而教， 寓教于日常生活之中

——记两则关于"早恋"的故事

随着时代的进步，思想观念的开放，越来越多的孩子思想成熟期提早了，在初高中开始对异性产生萌动的心理，这其实属于正常现象。但是初高中时期既是学习关键期又是压力山大期，这时期的学习将直接决定一个学生能否考上理想的大学，以及未来人生的发展。而谈恋爱的孩子情绪最不稳定，不稳定的情绪会导致成绩的起伏。关注孩子成绩的家长担心早恋会影响孩子学习，使孩子成绩下滑，因此在有些家长眼里，早恋是洪水猛兽。例如电视剧《小离别》中的妈妈"文洁"听闻男生李想给女儿朵朵送了个小礼物之后就如临大敌，联想到之前的种种迹象，便夸张地认为"小礼物"就是"定情信物"，坚称女儿"早恋"，回到家后更是直接将朵朵的房间翻了个底朝天。太多父母因为孩子早恋的问题头痛不已，甚至还有很多家长为了切断"早恋"的苗头，不惜一切代价"棒打鸳鸯"……

（一）爱是一道光，家长心发慌

发现孩子有早恋苗头后，很多家长就像"暴力催债"一样，毫无底线可言。有的对孩子进行冷嘲热讽，有的对孩子的恋爱对象侮辱打骂，有的对孩子严防死守，有的甚至以死相逼。然而，家长过激的反应，往往换来的不是孩子的乖巧，而是孩子更为严重的反叛。早恋不可怕，可怕的是家长崩溃的心态，暴力干涉的态度。暴力逼早恋的孩子分手而引发的悲剧绝非个例。

我同事有个女儿木木（化名），从小到大都是邻居眼里"别人家的孩子"，爸爸妈妈的"骄傲"。木木的爸妈虽然十分疼爱她，但对她基本是有"严"无"慈"，担心"慈母多败儿"。木木考上华师一后，面对如林的高手，

成绩排名不如以前。这本是正常现象，但当妈的不淡定了。不久，她痛心地发现木木与隔壁班的学霸好上了。木木妈妈本就担心木木的成绩，木木的恋爱更是给了她致命一击。痛定思痛，木木妈妈铤而走险，联合学霸的妈妈"巧妙"地制造了矛盾，直接导致木木失恋了。木木妈妈自以为做得滴水不漏，但其实木木对她妈妈做的一切心知肚明，并通过查看手机短信得到了证实。木木没有跟妈妈大吵大闹，她在沉默中自舔伤口。

我劝木木妈妈要好好安抚下木木，以帮木木平稳渡过失恋期。木木妈妈不以为然，还以恨铁不成钢的语气说："都是她自作自受!"木木妈妈的狠绝让木木多次跟我抱怨"妈妈根本就不爱我"。此后木木在家里越来越沉默。

高二上学期，木木再次陷入情网，这次的对象是本班的一位成绩排名靠后的男生。由于在学校寄宿，加上木木跟家人交流时滴水不漏，木木妈妈对此毫不知情。可惜，木木在期末考试中成绩大幅度下滑。屋漏偏逢连夜雨，恰逢此时，木木再次被分手。世上没有不透风的墙，木木妈妈通过多方打听，终于知道了前因后果，她因此断定木木是因为早恋影响了学习，不顾木木的伤心和绝望，对她极尽挖苦讽刺、批评怒骂之能事。当天晚上，木木离家出走了。凌晨三点，木木的爸爸妈妈在宾馆找到了木木，然而她坚决拒绝回家。随后的一个月，木木都是东躲西藏，即使被父母找到了，也拒绝跟父母对话。开学后，木木拒绝继续上学，经医生诊断，木木患上了抑郁症。

所谓"早恋问题""网瘾问题"，其实都是亲子关系问题。很多有关"早恋"的惨痛的教训告诉我们，早恋问题常常掩盖了亲子关系问题，父母和孩子之间缺乏沟通，缺少信任才是悲剧的深层根源。

爱的能力和其他能力一样，需要经历，需要试错，需要修正，需要提升。早恋也是人类最自然的情感表达，只是顺序错误，正如万物生长虽然遵循一般规律，但也总有例外。大多数孩子在读书的年龄好好读书，在恋爱的年纪好好恋爱，该结婚的时候就结婚。然而，也有些孩子在成长的过程中开了小差。孩子开了小差，家长的态度最关键。家长要做到三不：不鼓励，不打击，不告密。美国哲学家和教育家杜威说，教育即生活，教育即生长，教育即经验。如果孩子遇到情感问题，智慧父母会相机而教，教会孩子学会"什么是爱""怎么去爱"。

（二）与其严防死守，不如无为而治

对待早恋，我的秘诀是：与其严防死守，不如顺势而为。不是每个孩子都会早恋，但是如果孩子真的喜欢上一个人，家长的态度就显得非常重要。早恋的罪过在于：在家长不分青红皂白的批判下，孩子予以反抗造成的亲子矛盾。

我女儿的初恋似乎始于幼儿园中班。那时班上有个姓吴的小男生，长得怎么样，表现怎么样，我一概不知，但是她每天放学回家就叽叽喳喳地给我讲他的各种琐事，一直讲到幼儿园大班毕业，然后他们一起进了小学。女儿在 2 班，吴姓小朋友在 1 班。不久，小吴就从女儿的聊天里和记忆里消失了。

整个小学阶段女儿都沉迷于书海中，除了几个玩得好的女伴，很少在家里提到男生的名字。小升初时，女儿考进了名初竞赛班。班主任很严厉，女儿看起来在学校里活得战战兢兢。衣服只穿黑白灰，马尾辫都不敢留长。周末回家偶尔跟我说起班上的八卦，我顺便问她有无喜欢的男生或者有无男生喜欢她，她总说没有。问多了，她就不耐烦地反问我："你很想让我谈恋爱吗?"女儿哪里懂得我这进退两难的心理———一方面担心她早恋，另一方面又担心没人喜欢她。初三时，她跟我郑重宣布：现在心无旁骛，拼尽全力考进华师一附中，然后高二时要谈场正儿八经的恋爱，否则人生不圆满。我那时只听进去了前半句"考进华师一"，自动屏蔽了后半句"高二谈恋爱"。

后来女儿果然不负众望，考上了华师一。高一上半年女儿在理科高分班，成绩不是倒数第一就是倒数第二，全家都愁云惨雾。偶然的一次机会，我听说班上有个成绩很好长得又帅的男生对她表示好感，一个月以来

几乎天天高调地给她送零食。我回家向女儿求证，她倒是大方地承认了，不过表示她不动心。我提醒女儿：如果不喜欢，就不要含含糊糊，要把他约出来，跟他正式地约谈一次。当然，谈话前，要做好功课：1. 感谢他的欣赏。2. 明确表达自己的拒绝。女儿接受了我的建议，自己把事情处理好了。

高一下学期，女儿转到了文科班，成绩大幅度提升，人也开朗活泼了。然而，"狼来了"。有阵子女儿下晚自习一回到家，就抱着手机聊天。聊了差不多一个星期，我感觉到不对劲，一问她，她就羞涩地告诉我，她喜欢上了班上一个体育特长生。我的第一反应是问问他的成绩，女儿顾左右而言他，说他的身高很有优势。我大致猜到了男生的成绩肯定不突出。三天后，我忍不住跟她爸爸说起了女儿最近的动态。果不其然，她爸爸一脸是可忍孰不可忍的表情，眼看火山就要爆发，我赶紧温言软语地哄他冷静下来，耐心地跟他分析棒打鸳鸯的恶果：青春年少，情愫萌动，压不住打不住，越打越压越反动。从目前的形势来看，小伙子是个万人迷，女儿不过是他众多小迷妹中的一个。如果放手让她去追，有两种可能：1. 根本追不上，女儿自己知难而退。2. 追上了，可是面对如林的对手，她也甭想过上神雕侠侣的日子。时间久了，她还是会知难而退。现在是高二，还有时间让她犯错。一万句苦口婆心的教育抵不过她自己的一滴眼泪。她爸爸将信将疑地看着我，我赶紧豪迈地拍着胸口向他保证：有我呢，不要怕。

因为我开明的态度，女儿并不隐瞒她追男生的种种细节，我们一家在接下来的 10 多天里甚至公然在饭桌上津津有味地讨论和分析男生的种种反应。很快，圣诞节到了，女儿暗暗决定在这天跟男生正式表白。由于没有提前跟我们沟通，我和她爸爸并不知情，而是带了她出去逛街。结果一到目的地，女儿惨呼一声："我手机没电了。"然后就是掩饰不住的焦虑。最最不幸的是，我的手机也没电了。逛了 10 分钟后，女儿向她爸爸借手机，她爸爸莫名其妙地极为不爽，同意借手机却附加条件：只能打电话。女儿拒绝。于是父女俩僵持不下，等到四处乱逛的我发现不对劲时，女儿已经哭成了泪人，她爸拂袖而去。

　　我把女儿拽到一边，耐心地问她怎么回事。女儿抽噎着告诉我，她觉得时机成熟了，刚刚在路上跟男生表白了。可是没等他回复，女儿的手机就没电了，偏偏我的手机也没电了，万不得已才要借爸爸的手机看看。可是她不敢跟爸爸说实话。

　　我安抚女儿，说我完全理解她的感受，但劝她冷静，因为无论看不看得到回复，结果不会改变，不过是晚几个小时而已。如果跟爸爸闹下去，只怕这段恋情还没开始就要结束。女儿狂风骤雨的心情似乎平复了些。我又去找她爸爸，软语温言地劝了他半个多小时后，豪气地为他买了两件价值不菲的外套。

　　回到家后，女儿迫不及待地给手机充上电并开机。不一会儿，我听到她在讲电话。我推门进去，看到她激动得小脸通红，声音都是颤抖的，于是默默地替她关上门。10分钟后，她喊我进去，羞涩地告诉我，男生约她第二天面谈。第二天晚上10:00，女儿一进门就告诉我，她表白成功了，今天是男生送她回家的。我傻乎乎地问，不过是5分钟的路程，还需要送？女儿羞答答地说："就是一起从教室里走到校门口啊。"我恍然大悟，原来这就是早恋的样子。

　　我"好心"地提醒女儿："你们在校园里不要太高调了，否则班主任很快就会发现的。我保证我和爸爸绝不主动告诉班主任，但是班主任要是自己知道了，无论她什么态度，你都必须配合。所以最重要的是低调。"女儿乖巧地直点头。

　　三天后，我发现女儿并不在恋爱的状态，完全没有出现甜蜜蜜的情绪。我关心地问她："怎么追到手了，倒不开心了？"女儿看着我，委屈地说："妈妈，我觉得他不是真的喜欢我。"我心疼地抱住她："怎么可能，不喜欢你，为什么会答应你？""妈妈，我觉得他情商太低了。""你自己选的，是好是坏都得接受啊。金无足赤，人无完人，不要太苛责。"女儿欲言又止。我假装没看到。

　　周末晚上，女儿一直心不在焉。洗漱的时候，我轻声问她怎么了。没想到她一下子崩溃了，哭着说她要分手。她拿不定主意，今晚一直都在寻求好朋友的帮助。她哭得浑身颤抖，我的心纠成了一团，于是跟女儿进行了长达一个小时的谈话，谈话的大意如下：1. 你现在太激动，不适合做任何重要的决定，先冷静下来，三天后或一周后再说。2. 恋爱的开始和结束，任何旁人都没办法做决定，你和他是当事人，只有你们能拿主意，其他人的意见只供参考。3. 你这么优秀，值得任何一个男生全心全意对你好，不要委屈你自己。4. 他对你不冷不热，也许不是不喜欢你。他只是一个高中生，喜欢人的资本有限。他没有时间陪你，也没有余钱宠你。5. 你的好朋友要不没有恋爱经验，要不自己的事都搞不定，最好的智囊团成员是你老妈。6. 你现在思绪纷乱，不要做作业，不要钻牛角尖，做点别的事转移注意力，比如把你的床头装饰彩灯组装起来。

谈完话后，女儿明显放松了，心情也开朗了，开开心心地忙活起彩灯来。三天后，女儿轻描淡写地告诉我，她正式跟男孩分手了，并且宣布高中阶段再不谈恋爱了。我一直悬在嗓子眼的一颗心终于落回肚子里去了。

"相机而教，寓教于日常生活之中"，就是在平时生活中，可以随时随地抓住看到的、遇到的事和物进行教育，来自"遇物则诲，相机而教"的古代教育方法。因此父母在家庭教育中要提高自身的综合素质，善于在日常生活中抓住教育机会，对孩子进行正确的引导。

五、 潜移默化， 言传与身教相结合
——记华师一贵阳学校的一次家访

关于"教育"，《爱弥儿》中有一段非常有名的论述："最好的教育就是无所作为的教育：学生看不到教育的发生，却实实在在地影响着他们的心灵，帮助他们发挥潜能，这才是天底下最好的教育。"家庭教育的"无为"，着重强调以身作则，身教重于言教，通过以身教示范的方式实现父母人格魅力对孩子的影响，从而达到"潜移默化"的效果。①

2019—2020年我从湖北武汉到贵州贵阳白云区的一所中学支教。第一次当中学老师，内心十分忐忑，为拉近与学生的距离，增进对学生的了解，我采用了"周末家访"这种工作方式。人们常说，孩子是家长的影子，家长是孩子的镜子。我想，一个优秀孩子的背后，一定有一对优秀的家长。为此，我挑选了航航（化名）作为我家访的第一个对象。航航是我们班里非常优秀的一位男生，各科成绩、课堂表现和作业完成情况都名列前茅。在刚刚过去的期中考试中，他的总评成绩班级排名第三，年级排名在前二十。2019年12月6日，我利用周五下班时间和同事郑老师一起跟随航航前往月华轩小区。

去家访的路上，航航同学落落大方，侃侃而谈。他说他还有一个姐姐，今年9月刚考上天津的一所大学。爸爸在毕节工作，妈妈在贵阳陪读。我问他："你爸爸多久来一次贵阳呢?"他说："一般周末都会过来陪伴我，主要是给我做饭。我爸爸妈妈的分工特别明确——爸爸负责做饭，妈妈负责我的学习。每个周五都是爸爸在家做饭，妈妈开车来接我。这个跟很多家庭不一样。"他特别骄傲地告诉我，他的爸爸妈妈性格都特别好，说话轻言细语，凡事有商有量，家里从来没出现什么大的冲突，对他和姐姐的教育也特别开明，特别民主，尊重姐弟俩的意见。他态度坦然地说："我爸妈说，谈恋爱也是可以的，只要不影响学习。"

说话间，车已到了月华轩小区。航航给我们介绍说："我读小学的时候，为了方便，就一直在小学附近租房。去年我们在这里买了新房。今年才入住。暖气也才开通。这个小区的房屋质量比我们之前租的房子质量要好，之前租的房子的外墙墙皮经常剥落，掉到草坪上。这里的房子外墙刷的是乳胶漆，应该不会掉墙皮。"不过，他马上又内行地补充："不晓得时间久了会怎样。"

---

① 贾萧竹. 家庭教育中的"自然之道"——从《道德经》和《爱弥儿》看中西方教育的文化共性[J]. 教育理论与实践，2018，38(08)：10-12.

航航的爸爸妈妈对于我们的到来表示热烈欢迎。进门后，航航很自然地从鞋柜里给我和郑老师摆好拖鞋，换好鞋后，他把我们礼貌地让到沙发上坐下来，热情地招呼我们吃水果。与大部分家庭不同的是，航航爸爸在招呼完我们后，继续在厨房忙活，航航妈妈则陪我们聊天。

晚饭是在航航家吃的。航航爸爸专门做了贵州特色菜——酸汤鱼，还有毕节特产"烧包鸡""烤茄子""凉拌折耳根"和"凉拌皮蛋"。看得出，航爸爸的厨艺很好，每个菜都色香味俱全。我们边吃边聊，很快就变得十分熟络。航航爸爸告诉我们，三岁之前，航航都是跟爷爷一起生活。那时候的航航特别调皮——进超市，拿起东西就往门外走。要什么玩具，非买不可，不给买就撒泼打滚。发现隔代教养存在很大问题后，航航爸妈就下定决心把他带在身边亲自养育。航航上了小学后，航航妈妈干脆辞职，做起了全职主妇，一心一意照管航航姐弟俩。

航航妈妈说，航航从小到大都是她在管，她对航航从不打骂，主要以教育为主。她读的书不多，不过只要是学校里的家长讲座，她从来没有错过一场。她也经常阅读和关注家庭教育方面的文章。从航航上小学后，她从来没有在他学习的时候看过电视，总是拿本书默默地看。孩子在小学三年级之前，她比较重视对他的学习习惯的培养。四年级以后，航航就要求妈妈放松对他的监管，他自己管理自己，他的时间他自己安排，他的学习他自己负责。除此之外，他的房间他自己打扫，他的衣物他自己整理。因为航航妈腰椎不太好，航航就主动打扫家里的卫生。出门逛街，他也会主动帮航航妈拎重物。

航航比较喜欢安静而有规律的生活。航航妈妈笑着说，有一个周末，航爸航妈带着他去朋友家玩了一天。下一个周末，航爸航妈又邀请朋友到家玩了一天。之后，航航就跟航妈谈心，说他喜欢周末的时候只和爸爸妈妈待在一起，享受一家人的亲情时光。爸爸做的饭菜，虽然简单，但都是家的味道。只有跟爸妈在一起，他才能真正的放松。这之后，航爸航妈周末时就尽量在家里陪他，既不请人到家里来，也不轻易到别人家里去。航航妈笑着说："现在连我自己的亲姐姐打电话让我们过去吃饭，我都拒绝了。"

航航爸爸介绍说，六年级上学期，有次航航考试成绩突出，航爸奖励他一部手机，此后航航放学就玩手机，结果把成绩玩下降了。航航妈借机跟他谈心，也没讲什么大道理，就是聊了聊他的表现，航航听完后就主动把手机上交了，此后除了寒暑假，他都不碰手机。我对航爸说的话深信不疑，因为航航在学校也是非常自律。

我开玩笑地问航航妈："航航从小到大都这么优秀，为人处世受人喜欢，应该有不少女孩子喜欢他吧?"航航妈妈没有避讳，而是笑着说："现在的小女生们实在太早熟了! 大家都说我的儿子是个暖男，都要跟我订娃娃亲。"接着坦然告诉我，6 年级上学期的时候，航航就收到了班上几位女生的情书，但他都交给妈妈了。我问航航妈妈是怎么教航航处理这些情书的，航航妈妈说她没有看情书，也没有跟航航讨论这些女生，只是跟航航说，人生很长，碰到的人会有很多。他现在很优秀，所以有人喜欢，但是现在小学碰到的这些女生只是他人生际遇里很小的一部分。将来他长大了，会比现在更优秀，会去更好的城市，会碰到更多更优秀的女生。航航听了她的话后，在学校里自己把这些关系处理好了，既没有得罪那些女同学，也没有影响到自己的学习。航妈还补充说，航航姐姐读中学的时候，也收到过男同学的情书，也交给了她，她也是教她这么处理的。

说到叛逆，航航妈说航航的姐姐似乎没有叛逆期，一直跟家长相处得十分愉快。现在上了大学，每周五航航回到家后，航航姐姐一定会跟全家人视频。航妈曾经担心航航有叛逆期，但是跟航航聊起这个话题时，航航老成地说："我们家应该不具备叛逆的诱发因素。"

时间在轻松愉快的聊天中飞逝如电，转眼就到了晚上 10：00，我们怕影响航航休息，起身说"再见"。航爸航妈热情地穿衣送我们下楼，我们上车后，他们才返回。在返回的路上，我和郑老师探讨着航航爸爸妈妈对航航姐弟的"无为"教育。"无为"教育应该是我们追求的家庭教育中的至高境界，这离不开家长的教育智慧，让孩子在成长中顺势而为，因势利导，实现自我教育，更加注重培养孩子的自律能力。

六、 尊重差异， 根据年龄和个性特点进行科学引导
——我们每个人都是独一无二的

2004 年上映的一部法国音乐电影《放牛班的春天》里有过这样一句话："你们每个人都是独一无二的!"这句话用在教育上，任何时候都不会过时。在学校教育中，我们主张"因材施教"，鼓励教师在教学中根据不同学生的认知水平、学习能力以及自身素质，选择适合每个学生特点的学习方法来有针对性地教学，发挥学生的长处，弥补学生的不足，激发学生学习的兴趣，树立学生学习的信心，从而促进学生全面发展。在家庭教育中，我们也要尊重孩子与孩子之间的差异。不同年龄的孩子有不同的发展特点，不同的孩子有不同的个性。即使是同龄的孩子，身心发展可能也有差异。即使是同一家庭的孩子，个性也不尽相同。智慧的家长就是根据孩子的年龄和个性特点进行科学引导，而不是盲目比较。

盲目比较，就是家长的骄傲和自豪体现在"人无我有，人有我优，人优我强"。让孩子崩溃的是，家长比较的标准一直在变化。小的时候，比谁胖；上学了，比成绩；毕业了，比赚钱多少；结婚了，比孝顺。当家长有了攀比心理以后，原本正常的价值观就会变得扭曲，越来越不知道满足，对孩子的要求就会越来越严苛，并且常常莫名其妙感到焦虑和痛苦，这对孩子的心理会造成极大的伤害。

我小的时候，特别爱看书，是个十足的书迷，常常一听说谁家有书，就第一时间赶到别人家里去借。我本来不是勤快的孩子，在家里常常因为懒惰被妈妈责骂，但我常常跑到有书的人家去帮忙干活，从而换得书来看。我邻居家妹妹跟我完全不一样：我活泼开朗，她温婉娴静；我笨手笨脚，她手脚麻利；我读书成绩好，她家务活儿样样在行。虽然不一样，但我们俩关系挺好，一动一静，配合默契。可是两家的妈妈用她们无处不在的"比较"破坏了这种和谐。

　　邻居婶婶经常在我妈面前夸邻居妹妹的勤快和乖巧懂事，我妈因此有意无意地告诉我，我处处不如邻居家的妹妹：我没有她会做家务，我没有她讲卫生，我甚至没有她长得好看。我因此常常怀疑我是我妈捡来的孩子，内心笃信：只要邻居婶婶愿意，我妈随时会丢弃我而把邻居妹妹领回家。小孩子犯错本是很平常的事，但是我妈每次在批评我时都要拿邻居妹妹说事，念叨说要是她就不会这样，而我在被我妈痛骂或痛打时，满心里都是对邻居妹妹的愤恨，总觉得都是因为她我才被打被骂。我妈以为通过她的比较，我会虚心向邻居妹妹学习，变得更好，殊不知，我反而更讨厌邻居妹妹。有一次我妈恨铁不成钢地骂我"你哪一点比得了她？你给她舔屁股她会嫌你舌头糙了"，我听了后万念俱灰，站在池塘边恨不能一头扎进去，满脑子都是"既生瑜何生亮"的哀叹。在莫名的恐惧和担忧中，我的心态渐渐地起了变化，我觉得邻居妹妹的存在就是我的灾难，她让我极度自卑，缺乏安全感，而我也不能以平常心对待邻居妹妹了，有意断绝了与她的来往，童年生活因此少了一个知心的玩伴。

　　后来，我考上了大学，邻居妹妹却去了广东打工，邻居婶婶开始羡慕我妈，我妈也终于扬眉吐气，再也不在我面前提邻居妹妹的好了。可是很多年过去了，小时候的那种被比较和被责骂的惶恐还钉在心里，我常常在午夜梦回时汗湿后背。结婚后我跟我妈提起这段经历，她老人家完全不记得了，只是轻描淡写地说："还不都是为了你好？"是的，这就是很多家长的家教逻辑：为了你好，他们才有事没事拿你跟别人比较；为了你好，她眼里才只有别人的好。"都是为了你好"是这世上最隐形的杀伤武器。伤人者心安理得，被伤者有苦难言，还要感恩戴德。

　　"望子成龙，望女成凤"，这本无可厚非，但如果家长不顾孩子的实际条件，一味追求"超越"，这对孩子就是灾难。我们家长常常忘了一个事实：要是孩子也攀比家长，家长的日子也好不到哪里去。因为比金钱，我们不是个个是富翁；比漂亮，我们不是个个是帅哥或者美女；比学历，我们也不是个个是博士；比才艺，我们更不是个个是艺术家。假如有一所学校面试家长，要求资产至少过千万，样貌要赛潘安，学历起步是博士，还

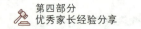
要能唱会跳擅长表演，请问有几个家长能过关?

　　每个孩子都是一块未经雕琢的璞玉，都有其天赋和特长，我们不能"自以为是"地否定其优点和长处，按照自己的意愿"强力纠偏"，也不能搞田忌赛马——用别的孩子的长处去比自己孩子的短处。家长的职责是帮助孩子尽早去认识了解自己，再引导孩子去扬长避短。

七、　相互促进，　父母与子女共同成长
——让孩子代替自己实现梦想，是父母最大的自私

　　网上曾流行一个搞笑段子：小明学习成绩不好，总被他爸爸骂笨鸟。有一次小明不服气说："世上笨鸟有三种：一种是先飞的，一种是嫌累不飞的。"他爸爸问："第三种呢?"孩子说："这种最讨厌，自己飞不起来，就在窝里下个蛋，要下一代使劲飞。"印度电影《摔跤吧! 爸爸》就讲了第三种鸟的故事。不过阿米尔汗饰演的马哈维尔不是笨鸟，而是穷鸟。马哈维尔是印度某届全国摔跤冠军，迫于生计，无奈退役。从退役那天起就雄心壮志要生儿子，以期让儿子替他实现夺得国际奖牌的梦想。但老天跟他大大地开个了玩笑——他连着生了四个女儿。就在他觉得梦想破灭的时候，他的两个女儿痛打了两个同龄男孩，让他意外发现女儿身上的惊人天赋，看到冠军希望的他决定训练两个女儿摔跤，而不是像其他女孩一样只能洗衣做饭过一生。他用一年时间按照摔跤手的标准训练两个女儿，帮助女儿赢得一个又一个冠军，让女儿实现了自己的梦想，结局皆大欢喜。

　　《摔跤吧! 爸爸》是电影，是艺术，但艺术来源于生活。生活中有太多逼迫孩子替自己实现梦想的家长。美籍华裔女作家伍绮诗的小说《无声告白》就讲述了一个故事：乖巧的莉迪亚是家中的老二，从小既背负了母亲成为科学家、当医生的梦想，又承载了华人父亲想融入白人世界、拥有朋友并赢得白人尊重的梦想。莉迪亚生活在全家的宇宙中心，但她不是她自己，更像是一个代替父母实现自己未竟梦想的工具，父母也从没有真正关

注过莉迪亚的梦想是什么。活在别人的梦想里，莉迪亚压抑、窒息，终究不堪重负，为求解脱而投湖自杀。

由黄磊、海清、陶虹主演的电影《小欢喜》中，英子是一个学霸，她的兴趣是航天，因此在高考誓师大会上，她开心地在许愿气球上写上了自己的航天梦，却很快被妈妈嘲笑，要她改成"北大清华"。英子不想写，她说："你想写你就自己写吧。"但是妈妈坚持让英子自己写。最后，气球在两个人的推搡中爆了。气球破了，英子的梦想也破碎了，英子哭着跑开了。

日本作家伊坂幸太郎说："一想到为人父母不用考试，就觉得可怕。"有些家长认为自己是父母，供吃供住供玩，就以"爱"的名义随意命令孩子要这样要那样，这其实是父母最大的自私。家庭教育既是家长养育孩子成人成才的过程，也是家长和孩子相互促进，父母与子女共同成长的过程。言传不如身教，家长的学习行为会对孩子起到潜移默化的作用。如果自己在家里整日打牌玩麻将，或者整日里在外高朋满座喝酒闲聊，却让孩子安静读书，这种家庭教育有也是无。

自私的家长自己不爱学习，却要求孩子好好努力；自己成天牢骚满腹，东游西逛，却要求孩子努力拼搏，积极进取，要求孩子考上 211 或者 985 高校，要求孩子的发展与自己的心愿必须保持一致。而学习型家长和孩子一起努力，终身努力，做孩子的榜样，当孩子的"陪跑员"而不是"裁判员"。

2012 年，我女儿 11 岁，我 37 岁。由于我是家里唯一一个不会游泳的人，我下定决心要在这年暑假学会游泳。起初我打算跟班学习，于是去华师一附中的游泳馆报名。接待人员不耐烦地说没有成人班，又毫不客气地说成人太笨了，不好教。我只能证明我是成人，却无法证明我不笨。被如此嫌弃地拒绝，我十分懊恼，决心在女儿的陪伴下自学游泳。

第一天下水，两个小时的练习，仅仅让我消除了一些恐惧感，没有多少长进。第二天，我在泳池碰到了刚刚教完学生、准备离开的体育老师李老师，李老师看见我把扶手当成救命稻草，说："你要是离不开扶手，永远学不会游泳。"随后她教我如何在水里站稳，怎样漂浮。我按照她教我的方法用心练习了一个多小时，终于可以憋一口气在水里游出一段距离了。

第三天，练习了将近两个小时后，我可以换三口气了。但是，游得十分吃力。第四天，大雨倾盆，我犹豫了一会儿还是收拾好衣物，带着女儿去了游泳馆。幸运的是，我再次遇到了李老师，我给她展示我这两天练习的成绩，请她指出我的问题。李老师观察了一番，告诉我泳姿不正确，兼之我游泳时内心慌乱，所以游不快也游不远。在她的帮助下，我努力平静内心，不停练习正确的姿势，小有心得和进步。

接下来两天的练习中，我找到了换气的感觉，能轻松抬头换气了。第七天，不知怎么地，那种美好的感觉消失了，我在水里反复练习，却越来越没有章法，多次呛水。我不甘心，反复操练，试图找出原因。陪游的女儿在旁边不停地指导我，鼓励我。

第八天，早起，我有一些感冒的症状——流鼻涕，频繁打喷嚏。喝了几包板蓝根，还是如此。午觉后，我心慌慌——感冒了，能去游泳吗？思来想去，我一咬牙，还是收拾了东西，带上女儿，再次奔赴游泳池。上帝终于眷顾我了一次：一下游泳池，我就找到了游泳的感觉。我的四肢从容不迫地在水里划动，不慌不忙地抬头换气，轻松地就游过了我曾经无数次止步的第二个下水扶梯处。

而此时，我看到游泳班的小孩们还在辛苦地练习，看到第三天在泳池里碰到的、叫我"阿姨"的、也受过体育李老师指点的两个女高中生还在水里扑腾，无法自如前进，我内心升腾起"一览众山小"的成就感。那个暑假，我终于从不会游泳到学会游泳，再从能游50米一直练习到能游1000米。2018年夏天，我9岁的侄女和5岁的外甥女也跟着我一起学游泳。每次下水，我对她们唯一的要求就是不停地练习，在她们在不停歇的练习中，我帮她们找错误，让她们自己找技巧，找感觉。在我的帮助和指点下，她们也学会了游泳。

女儿16岁，我42岁的时候，我评上正教授，次年女儿上高三，43岁的我考上了博士。我跟女儿约定，我比她早一年进大学，就要比她早一年毕业。读博这四年中，我由副院长做到了院长，但是我还是克服一切困难准时毕业。每一个女儿在家埋头苦学的时刻，我都在旁边比她更刻苦地学习。我们彼此激励，互相鼓劲，在学海里携手遨游，在书山上奋力攀登。我们是母女，我们也是学友。

孩子能走多远，家长要先审视自己：当年的读书状况，现在对生活和学习的努力状况。自己的梦想自己去努力实现，不要把超越的希望一股脑儿压在孩子身上，不要把三代的压力交给一个孩子。鲁迅先生在《我们现在怎么做父亲》里说："子女是即我非我的人，但既已分立，也便是人类中的人。因为即我，所以更应该尽教育的义务，交给他们自立的能力；因为非我，所以也应同时解放，全部为他们自己所有，成一个独立的人。"①

八、 平等交流， 予以尊重、 理解和鼓励
——中国的亲子关系需要一场革命

鲁迅曾说："孩子的世界，与成人截然不同；倘不先行理解，一味蛮做，便大碍于孩子的发达"。② 但由于年龄、知识、经验、能力等天然的优势，在家庭教育中很多父母很难以平等的身份与孩子商量、讨论、交流，而更多是命令、教训、强制甚至责罚。正如蒙台梭利所说："源自儿童神奇内心世界并自然流露出来的自发性，长期以来都被成人的强势和不合时宜的干预死死地压制住了。成人认为每一件事情自己都能够做得比孩子好，想当然地把成人的那一套行为模式强加在儿童身上，强迫儿童放弃他们自己的愿望和行动、顺从成人的意志、服从成人的控制。"③作为具有独立人格的儿童，或者是处于叛逆期的青少年，对此具有天然的抵触情绪。

① 鲁迅. 我们现在怎样做父亲[J]，新青年，1919-11-01.

② 同上。

③ [意大利]玛丽亚·蒙台梭利. 家庭中的儿童[M]. 北京：中国发展出版社，2012.

以这样的方式进行家庭教育，自然不可能取得好的效果。为此，《家庭教育促进法》第十七条特别规定："平等交流，予以尊重、理解和鼓励。"

平等交流，首先是家长要从人格上真正做到与孩子平等，也就是说家长要放下架子，平等对待孩子。在和年龄较小的孩子说话和玩耍的时候，我们首先要从姿势上弯下腰来，保持和孩子同样的视角来看待事物，让孩子感受到大人对他们的尊重。但是弯下腰不等于溺爱孩子，不是对孩子言听计从，百依百顺。那种孩子颐指气使、家长唯唯诺诺的亲子关系是畸形的。其次，平等交流意味着尊重和理解孩子，在孩子犯错时予以包容，给予理解，而不是动辄发脾气，这是家长与孩子平等交流的前提。

孩子越大，我们的脾气似乎越坏。孩子不会讲话的时候，不舒服了只会哭，我们揣摩他不同哭声的诉求，绝不会因为他一边吃奶一边拉屎拉尿，跟他发脾气，也不会因为他把妈妈喊成爸爸而生气，甚至他犯的每一个错误，都让我们开怀解颐。我们用无尽的爱心和耐心包容他成长中的点滴错误。但是孩子越长越大，我们越不能跟他好好说话。我们再也没有那种对待错误云淡风轻的心情，再也不肯在孩子犯错时先是莞尔一笑后是耐心指导，取而代之的是内心的煎熬，行为的暴躁。当坏脾气把我们和孩子推得越来越远时，孩子和我们相处的时间就越来越少，不知不觉就变成了"相爱相杀"。

然而，发脾气不能解决问题，只会让矛盾升级。最开始你声音提高几度就管用，慢慢地你要配合拉长的脸，再渐渐地你开始吼，某一天，你会发现你有了揍人的冲动。而这个过程中，孩子并没有如你期待的那样变得越来越好，而是对你的对抗越来越升级。**发脾气是亲子关系最厉害的杀伤武器**。我们越发脾气，孩子越不愿意跟我们交流和沟通，也不敢跟我们敞开心扉。孩子要不时时刻刻处在担惊受怕中，缺乏安全感，要不就破罐子破摔，没有前进的动力。

我们为什么发脾气？是因为我们不相信孩子的纠错能力，我们老担心孩子走弯路。在竞争日益激烈的今天，我们面对生活、工作和孩子学习的压力，自己常常不知所措。脾气暴躁的家长常常把最亲的人当作情绪的垃坂桶，日复一日倾倒自己的情绪垃圾。爱发脾气的人常常不肯承认自己的问题，认为都是别人犯错才导致自己情绪失控。但是一个人不能有效管理情绪其实是因为沟通能力和解决问题的能力欠缺，又害怕事情失去控制。坏脾气还很容易遗传，因为在坏脾气里成长起来的孩子，很容易学会"发泄情绪，复制暴力"，但很难学会有效沟通和积极面对。

看到孩子犯错误而不马上纠正特别考验父母的承受力和忍耐力，但是我们要相信孩子的成长是一个不断试验不断反省不断纠错的过程，我们要尊重孩子的发展规律。因此，我们不是要阻止孩子犯错误而是要学会不发脾气。调整好自己的心态，跟孩子平等对话。要常常提醒自己：心智的成长不一定与身体的成长同步，再忙再累，再急再忧，都要有耐心等待孩子自我发现自我觉醒。当孩子犯错误时，我们家长不能一味指责、埋怨或打骂，要克制住内心的焦灼和冲动，要鼓励孩子说出内心真实的想法，或者表达自己真实的情绪，如："你这样我很难过，如果你……我会很开心。"如果实在控制不了自己的情绪，就跟家人商量，让家人监督，每发一次脾气就记录一次，达到多少次就要接受惩罚一次。当孩子生气或发怒时，家长可以给他们一个有力的拥抱，并用心地倾听，肯定他的感受，给孩子带去力量和安慰，让孩子没有负担地释放出负面情绪，从而慢慢平静和平和。一句话：心平气和的时候，教育才能真正发挥作用。

另外，我们也要向孩子学习。在飞速发展的现代社会，资讯无比发达，家长想事事超越孩子几乎是不可能的事。我们要承认孩子的学习能力，承认与孩子之间的差距，虚心向孩子学习，不把自己的意志强加给孩子，在家里给孩子发言的机会，尊重并采纳孩子合理的建议。家庭教育不是只有"自上而下"的路向——父母教育孩子，必要时也要考虑"自下而上"的路向——孩子也可以参与。美国加州大学伯克利分校荣誉教授约翰·E·孔斯指出："儿童自己的角色主要体现在他在家庭内的发言权。"他还提出，12 岁的儿童可以在家庭选择的过程中拥有否决权；14 岁时拥有选择权，可以提案，但父母拥有否决权；15 岁或 16 岁时可以自主地选择各种社会认可的选项以满足他的基本需要。

　　"父母对于子女，应该健全的产生，尽力的教育，完全的解放。"①时代在变化，生活也必须进化。所谓"长江后浪推前浪"不过是说，下一代一定优于上一代，决不能用同一模型，无理嵌定。父母须是子女的指导者、协商者，却不该是命令者。不但不该要求子女供奉自己，而且还须用全副精神，养成他们"有耐劳作的体力，纯洁高尚的道德，广博自由能容纳新潮流的精神"。人生是一场马拉松，赢在起跑线上不一定赢在终点。有时候孩子会崴脚，有时候孩子会虚脱，我们家长要做的不过是站在旁边摇旗呐喊，加油助威，既不能代替他跑完全程更不能发脾气中途离场。尊重、理解和鼓励孩子，和孩子平等相处，理性面对孩子的缺陷，引导孩子走正道，才是当下父母最好的教育。

◎作者简介：

　　谢春林(1975—)，女，教授，现为武昌理工学院文法学院院长。曾获"湖北省女职工建功立业标兵""武昌理工学院十佳教师""武昌理工学院校园十大魅力人物"等荣誉称号。主持完成湖北省一流课程"大学英语"的建设工作；公开发表教科研论文50余篇，其中13篇发表在核心期刊上；主持国家社科基金一般项目1项(在研)，湖北省教育科学规划重点项目1项(在研)，湖北省教改项目1项(已结题)，湖北省人文社会科学项目(已结题)1项、湖北省哲学社会科学项目(在研)1项。主持完成校级教改项目3项。参与省级项目6项和校级项目3项。主编《新感觉大学英语听力》等教材2部，任副主编《大学艺术英语》等教材3部，参编《新应用大学英语》(外语教学与研究出版社)等教材7部，其中一部为"十三五"规划教材。

　　郑志雄，男(1973—)，华师一附中高级语文教师，曾任华师一附中年级德育主任兼支部书记，现任华师一附中贵阳学校校长助理，华中师范大学"国培计划免费师范毕业生培训项目语文班课程"主讲教师，曾获"优秀班主任""全国教书育人标兵"等荣誉称号和湖北省优质课竞赛一等奖。致

---

　　① 鲁迅.我们现在怎样做父亲[J].新青年，1919(11).

力于中学语文教育和德育研究，在《语文教学通讯》《班主任》等各级刊物上发表教学论文和德育论文多篇，主持或参与多个校级、市级、省级课题，在中学家校共育领域颇有心得，曾先后在湖北省和贵州省多地开展家庭教育专题讲座。

北大学霸妈妈的幸福锦囊

夏 燕

扫码听音频
引言

亲爱的家长朋友们！早安么么哒！美好的一天开始啦！这是我开启幸福一天的快乐模式！充满着爱和感恩！我特别喜欢"小朱童鞋美妈"这个闪亮的头衔！作为一个过来人、一个知心姐姐，分享和孩子共同成长过程中的点点滴滴，满满都是喜悦。这些幸福的复述，都是源自内心最温情的认知和最丰裕的感受。特别是适逢《中华人民共和国家庭教育促进法》于2022年1月1日起施行，家庭教育从家事跃升为国事，这是个普天同庆的好日子。国家首次针对家庭教育立法，开启了父母依法带娃的新时代，感觉无比欣喜和振奋。这种难以言喻的快乐、轻松、愉悦的体验是家庭教育中积极的情绪体验，对提升家庭教育的幸福感至关重要。

习总书记指出："家庭是人生的第一所学校，家长是孩子的第一任老师，要给孩子讲好'人生第一课'，帮助扣好人生第一粒扣子。"（全国教育大会，2018）颁布实施的《中华人民共和国家庭教育促进法》（下文简称《家庭教育促进法》）从"家规"升级为"国法"，针对一些父母或其他监护人对未成年人生而不养、养而不教、教而不当的行为有了"紧箍咒"。回顾小朱同学走向北大的美好路途，我深深感受到《家庭教育促进法》集中体现的指引、赋能这两个关键词和我与孩子共同成长的教育理念无缝吻合。这部法通过法律的形式明确父母应当好一个合格家长，引导家长按照科学方法、科学理念教育孩子，树立终身学习的目标不断提升综合素养，为孩子的成长赋能。

作为新时代应拥有新理念的新家长，依照《家庭教育促进法》的引领，通过加强高质量的亲子陪伴，父母双方协同发力、言传身教、尊重差异、平等交流以培养孩子中华民族共同体意识和家国情怀；培养孩子良好社会公德、家庭美德和个人品德；培养孩子科学探索精神和创新意识；培养孩子良好学习习惯和行为习惯；培养孩子自我保护意识和能力；培养孩子热爱劳动的观念等，在孩子道德品质、身体素质、生活技能、文化修养、行为习惯等方面培育、引导和影响，肩并肩手拉手和孩子走在一起、一起在走，在孩子走向成功的征途上加油呐喊、助力赋能。

2019 年 8 月 16 日，时光定格在北京大学门口温馨的全家福！二十年时光转瞬即逝，小朱同学由蹒跚学步的婴儿成长为一个阳光的青春少年，从育才幼儿园开始历经小学初高中，到以湖北省文科总分前十、武汉市文科总分前十的好成绩走进北京大学，从每个成长阶段的品学兼优到北大的三好学生荣誉称号和奖学金，回望走过的那些来时路不禁感慨万千，或许这就是充满着坎坷又有无限希望的生命的馈赠！有一件爱的礼物一直陪伴着小朱同学成长的每一天！就是下面这份幸福锦囊，现在分享给大家：**正念的家庭教育给予孩子幸福力的传承，读书习惯、阅读习惯的养成滋养孩子终身的内驱力与学习力的培养！**

幸福是一种心态、一种满足感，更是一种文化！我们的幸福教育就是从"大处着眼，小处着手"，从日常生活小事做起的。因为爱他就为他计长远，爱他就给他适合他的家庭教育，这是小朱童鞋一生的宝贵财富！

扫码听音频
锦囊一

幸福锦囊之一　家长的脑内革命与革新

曾看到一篇文章：《月薪 3 万，还是撑不起一个孩子的暑假》。文章中，一位高管妈妈，拿着可观的月薪，但光暑假为孩子报各种夏令营补习班就花了 35000 元，她连新衣服都不敢再买了。这典型地反映了中国父母对孩子"焦虑的爱"。很多年轻人不愿生孩子，问及原因，大多提到两个字：一个是"贵"一个是"累"。许多家长在孩子身上投入大量的金钱和精力，勒紧裤腰带去富养孩子，有些甚至倾家荡产只为让孩子不落人后。但父母的付出和牺牲却没有换来热气腾腾的好日子，反而造成许多亲子关系的困局。我认为富养不是过于注重物质投入，而应该更多地把精力放在对孩子的精神富养上。

家长真的要进行一次自我觉察的"革命"。2022 年 1 月"中国父母进入依法带娃时代"话题登上新浪微博热搜榜第一，引发网友广泛关注。2021年 1 月、8 月和 10 月，经过全国人大三次审议草案，《中华人民共和国家庭教育促进法》于 2021 年 10 月 23 日正式表决通过。该部法律分为六章五十五条，分别从家庭责任、国家支持、社会协同和法律责任等方面对未成年人的监护人和社会对家庭教育应当承担的责任进行了划分和规定。专家称一审的时候这部法叫《家庭教育法》，后改成《家庭教育促进法》，增加"促进"两个字，其导向非常明确。"促进"二字的增加是对家庭教育自主性的顺应和尊重，体现家庭是实施家庭教育的主体，国家、社会为家庭提供支持、协助。

《家庭教育促进法》把科学的家教理念、家教知识和家教方法送到家长手中，打通家庭教育指导服务的"最后一公里"。家长学习的同时，学生们也变身"小先生"，对家长的学习效果进行打分评价，督促更多的家长参与其中，把学生的家庭教育真正落到实处。

《家庭教育促进法》的颁布实施给了家庭最好的自我革命的契机，家长的自我革命应着眼于家庭教育理念、方式、初心等一系列精神上的变革，自我觉察、自我改变、自我革新。那么家庭的初心和使命是什么呢？家庭是社会的细胞，我们每一个人最终都是想获得幸福，这是自我初心也是家庭教育的初心，而使命则是教育好孩子。在和小朱同学一同成长的过程中，我一直在学做一个智慧的、有积极心态的家长。

《人民日报》曾撰文：《教育改革要从家长教育开始》，我深以为然！家教是家长对孩子的言传身教，体现在非智力因素方面，如感恩、尊重别人、基本的规矩等，就是让孩子成为一个合格的社会人。

孩子成为一个什么样的人，某种程度上首先取决于父母的教育理念、人才观念。家庭教育就是孩子生命成长的教育，让孩子们萌生会学习、善学习，会生活、善生活，会相处、善相处的意识，并乐于去实践和探究。家庭教育就是对"根"的教育、"心灵"的教育，只有"根壮""心灵好"、状态好，才能"枝繁叶茂"，这恰是"庄稼养根，育人养心"！影响孩子成绩的主要因素不是学校而是家庭，作为家长必须进行一次深刻的自我反思、自我剖析、自我革命才能深刻理解《家庭教育促进法》所体现的国家顶层设计的良苦用心。

一路走来渐渐明白，以孩子为中心，完全围绕孩子转会以爱的名义干扰孩子的成长，并不是孩子离不开父母，而是父母离不开孩子。

家长们一起聊天，大家话题多是谈论教育、学区房、小升初、区重点、市重点、语数英、奥数金牌、钢琴十级、掐尖儿——但孩子的兴趣、天赋、成长、心理、健康、生命的意义、人生的价值却聊得很少，孩子的评价体系，变成了"唯分数论"。我认为只要孩子能够一直保持爱学习的状态，家长就是尽责了。更大的格局，是生存和幸福的能力，是家长为人处世的准则，是价值观对孩子的潜移默化！

我们从未陪孩子写过作业，记得他一年级就和他有过快乐的约定：每天的功课、你的学习都是你自己的事情！极大地培养了孩子的契约精神。我们关注的重点从来都不是分数和排名，而是孩子的兴趣点和闪光点，并将它发掘到极致。

我始终牢记着一个准则与大家共勉之，这也是新时代新家长教育观念应有的革新：不用紧紧盯着孩子每天的作业和每次考试的成绩，而是关心孩子真正的兴趣、了解孩子的天赋所在！

我身边也不乏一些焦虑的爸妈，每天都是各种"忙、盲、茫"而精疲力尽，事实却是孩子不努力，爸爸不出力，妈妈用蛮力，学校给压力！！！教育的主体是孩子，最该努力的人是孩子，但现在最最努力的人却是妈妈！

各种培优班里全家总动员的学习状态，想想真让人感动到泪目，但同时给了孩子一个负面暗示：学习是全家人的事，不是孩子自己的事！我倡议：把孩子的功课交还给孩子，把妈妈爸爸的职责交还给妈妈爸爸，一家人各司其职，各归其位，家庭的成长才能进入良性循环！

扫码听音频
锦囊二

幸福锦囊之二　正念家庭教育文化

《国家》这首歌我很喜欢，都说国很大，其实一个家。家是最小国，国是千万家，家是幸福的洋溢，国与家连在一起，创造地球的奇迹。习总书记曾引用孟子的话："天下之本在国，国之本在家。"我理解的家就是国的一个载体，我们更要好好地爱和经营我们的家。

我身边的家长从孩子身体健康到行为习惯都有操不完的心，时刻为孩子的前程所担忧，但又分不清良莠不齐的育儿观念，也有的过度焦虑、抱怨社会、抱怨大环境，真的有必要这么焦虑吗？

家庭教育是一种文化，当焦虑、苦恼、压力无处不在，一时难以消除时，正念的理念却可以帮助调节这不安的情绪、提升共情力，使我们变得更有智慧，更少被负面情绪左右。在此心态下，与孩子相处的每一个时刻都能享受当下，可助力形成自己独特的智慧，让家长学会用一种温暖的、平和的方式去应对养育孩子过程中出现的诸多困境。

这个概念并非遥远、模糊、遥不可及，"正"就是正确、正在、当下；"念"是念头、理念；觉察当下，活在当下，不迷失在某些情绪迁移的旋涡中，保持一种平静淡定的心态，通过和孩子共同成长来获得彼此的进步，并修炼成为一种习惯，取代的是"身在此，心在彼"；我曾经和小朱同学有一个自律约定法，准备一张卡，里面有一张表格，用持续八周的时间去做某事，做到就打勾或打圈，一定要坚持每天都去做，这也是家长检验自律的好方法。

正念是一种智慧，成为一种活在当下的生活方式和态度。比如好好吃饭、好好睡觉、好好说话。现实是吃饭时还在说着别的事、想着别的东西。我提出"正念家庭教育"的理念，就是想倡导好好享受跟孩子在一起的每时每刻。

什么是家庭文化呢？每一个家庭成员的思维习惯、行为习惯互相碰撞、磨合，就会形成一种环境和氛围，从而对整个家庭产生很重要的影响力，这就是家庭文化。比如我家小朱从小就生活在一个很民主、很有爱、很温馨的家庭氛围中，我和他爸就是经营者。建立一个爱的存折，往存折里存什么，就得到怎样的结果。在一个好的家庭文化里面，夫妻恩爱，相敬如宾，孩子就会茁壮成长。我们家学习氛围非常浓郁，家里到处都是书，我们手不释卷、挑灯夜读，从小小朱看书就像吃饭那样自然，良好的学习习惯就是这样慢慢地耳濡目染、潜移默化得来的。

小朱的成长还得益于中国传统文化中的家训。五千年的优秀传统文化在我们当代家庭教育中也是非常有意义的，为什么现在我们越来越注重教授孩子们礼仪文化知识，如餐桌文化，怎么样吃饭，吃饭的时候立什么样的规矩，这其实就是在传承我们的一些传统美德。

家庭的正念文化，最好的状态就是长辈对晚辈以言语、行动来施教。家庭中，会形成一种循环互补的教育，随时随地发生的事都可以进行教育。正念的家庭教育的文化是终身教育。在悠久的中国传统文化中，家长教孩子首先从修养开始，一个人人格的铸就起于家庭教育，责任落在父母身上。家长的优势在于更了解自己的孩子，知道孩子究竟喜欢什么，清楚自己孩子的优劣势，能更好地有针对性地培养。

我希望越来越多的家长能践行正念家庭教育，不机械地说教，通过游戏化的方式来培养孩子。小朱同学两岁时就开始用玩乐方式学习中华经典诗词，我们通过潜移默化的方式培养他对中国传统文化的兴趣，给他一个轻松活泼的学习环境。

有人说家长的有效期是 18 年，我认为有效期是孩子上初中之前的时间，大约 12 年。送小朱到北大报到的那一刻，我觉得和孩子之间从此就要渐行渐远了！但不管将来孩子离我们多远，未来即使他遇到坎坷，也一定能从家庭中汲取信心勇敢前行。正念家庭教育文化培养出的孩子应当是沙漠里的仙人掌，暴风雨中的小草，严寒里的松柏。父母调整好心态，孩子才能有好的状态。陶行知先生说，教育即生活，生活即教育。教育可以生活化，通过生活的点滴细节来达到育人的最终目的。

在生活中不断地内观、内省、内化，这三点就是家长的一场修炼之旅。**教育，既要教更要育，父母的修养就是孩子的教养。**如果说学习是孩子的功课，那教育就是我们父母的修行。家庭教育中没有独门诀窍，最好的捷径就是父母和孩子一同成长、共同进步。

扫码听音频
锦囊三

幸福锦囊之三　做学习型智慧家长

我被一篇小学生作文《我的妈妈是一个没用的中年妇女》给震撼了。孩子的实话实说句句扎心："我的妈妈不上班，平时就喜欢打牌和看脑残的电视剧，一边看还一边骂，有时候也跟着哭。她什么事也做不好，做的饭超级难吃，家里乱七八糟，到处都不干净。她明明什么都做不好，一天到晚光知道玩儿，还天天叫累，说都是为了我，快把她累死了。和我一起玩的同学，小青的妈妈会开车，她不会；小林的妈妈会陪着小林一起打乒乓球，她不会；小宇的妈妈会画画；瑶瑶的妈妈做的衣服可好看了——我都羡慕死了，可她什么都不会。我觉得，我的妈妈就是个没用的中年妇女！"

孩子已然受伤，而家长却毫不知情，养育他们一辈子，但失去他们只是一瞬间，一个言行失当，就是一段亲子关系悄悄终结。而要赢得他们，好像也并不是那么难，一个显而易见的优点，就可以成功圈粉，让他们做你的终生老铁。被拉黑，还是被喜欢，不过是一念之间。所以《家庭教育促进法》的实施成为家长启智增慧的良好契机。

成为一流的智慧妈妈。妈妈们不是在补习的路上狂奔，就是在考级路上飞驰；着急孩子的学习，担心孩子的身体；考试季、毕业季都是诉说不完的各种心塞！她们站在上有老下有小的人生十字路口，拔剑四顾心茫然，想不焦虑都难！但妈妈的过度焦虑会对孩子产生很多负面影响。只有妈妈情绪稳定、不焦虑，才可能跟孩子有良好的互动，让孩子将来拥有稳定的情绪与健全的人格。有负面情绪也很正常，但学会控制住强烈的情绪你就赢了，请先照顾好自己，再照顾孩子。

记得小朱出生后，面对身材走样、失去工作晋升机会、没有娱乐时间等一系列的坎我也曾焦虑；当他不听话、哭闹的时候，我也会心烦、愤怒，控制不住情绪，事后又对自己的所作所为后悔不已！慢慢地我学会了接纳自己的情绪，不断反省、成长，尝试在自己的需要与孩子的需要中寻找平衡点。感恩书籍的指引让我学会了先照顾好自己，拥有自己的工作、生活圈子、兴趣爱好，我的内心拥有了更多的爱，有能力好好爱孩子。

要想家庭教育环境稳定，爸爸不能缺位。爸爸给予家庭关心和支持，妈妈更会情绪稳定。父亲的爱像山一样巍峨，是无声的陪伴，也是有声的关怀。父母的相互支持，给予孩子最大的帮助，是孩子成长的关键。父亲对孩子成长的影响至关重要，孩子的精神和品质需要父亲的引领，一个更加理性的思维模式；母亲相对容易情绪化、更感性，比起母亲，如果父亲方法得当，对孩子的教育一定是如虎添翼的。为了孩子和家庭，妈妈只能努力活成超人。愿所有的妈妈，对孩子的焦虑少一点，给自己的爱多一点。

我觉得家庭教育前面应加两个字，即"积极"家庭教育，和正念是一脉相承的理念。孩子刚生下来，他吃的时候是非常满足的，睡得也非常香甜，他可能哭着哭着就笑了，也可能笑着笑着就哭了，因为他活在当下、体验在当下。家长在修炼自己、培育自己正念的过程中，去察觉到并找回我们与生俱来的本质力量，让它在自己体内继续存在，学会持续用这种正念的态度去甩掉育儿的焦虑，找到问题的核心、解决问题的思路和方法。最重要的是活在当下，和善、坚定地实现养育孩子的理想。

感恩时光教会我做一个温柔的妈妈，那是最智慧的模样，就像晨间的一缕阳光，无声无息，却带给人温暖，又像夜晚山间的一缕微风，清凉无痕，却让人感到自然而舒适。温柔的妈妈，会全然地接纳和尊重自己的孩子，即使孩子的叛逆带来挑战，也会怀有同理心，理解和包容孩子，润物细无声地去教育和引导孩子；温柔，是一种力量，看似云淡风轻，却柔中带刚，足以带给家人信心和希望。温柔的妈妈，就是一个家庭最好的风水。

学习实践"谈话疗法"。我们家教育的革命是从厨房开始的。这充满油烟味的地方却是教育的重要阵地。生活需要仪式感，一家三口，共进晚餐，温馨的环境、轻松的气氛、爽朗的笑声、快乐的孩子，在这样一个环境里是非常利于与孩子进行亲子交流的。在轻松的环境里愉快地聊天，也可以称作"谈话疗法"。家长需要给孩子提供一个温暖和谐的家庭氛围，起码每天抽出 15 分钟和孩子深入交流沟通。

学习成长成为"品牌父母"，和孩子共同成长。建议家长学一点市场营销学，做一个品牌爸妈；品牌的打造需要父母用稳健的质量和长效的宣传来赢得孩子这个客户的"高口碑"。可以多拥抱孩子，拍拍肩、摸摸头，让孩子感到身心愉悦、增强信心。

智慧家长的微笑工程使你成为改变家庭气氛的领袖。微笑可以通过刻意练习进行提升巩固，分享给大家三个小方法：一是咬住一根筷子、嘴角上提、眉眼含笑保持住，挑战自己坚持的时间长一点；二是发一个"引"的音并嘴角眉眼上提，以一种积极的状态停留住 5 秒再发出下一个"引"的音，每天至少 30 个；三是发"一"的延长音。智慧妈妈的面部、肢体语言的改变可以让孩子摆脱孤独，学会感受爱和传递爱。

记得小朱小时候带他旅游时，我会带着孩子为所有家人和朋友准备礼物，对孩子进行感情教育，在不经意间教给他亲情和友情的相处之道及如何建立责任感。

学会做智慧家长，告诉孩子你的生命观、金钱观、劳动观、个性观、为他人服务观。亲手写下并赠予孩子热爱生命的十句话！

德国著名哲学家雅思贝尔斯说："教育的本质就是一棵树摇动另一棵树，一朵云推动另一朵云，一个灵魂召唤另一个灵魂。"在小朱同学一路成长的过程中，我在慢慢领悟并秉持终身学习理念，做有智慧的家长！

其实在孩子成长路上拼尽全力的父母在《家庭教育促进法》的实施中最应当拼的是智慧父母的自我成长！我们应当拼的是父母的教养与言行，因为常常能在孩子的身上看到父母的影子，他们是世界上最聪明的模仿者；我们应当拼的是父母的教育方式，是尊重还是控制，是溺爱还是忽略，是暴力还是对话，对孩子的影响都是终身的；我们应当拼的是父母的婚姻质量，爸爸妈妈相亲相爱才能给孩子最好的成长土壤；我们应当拼的是父母的情绪控制能力，学会用爱的语言温暖孩子的心；我们应当拼的是父母陪伴孩子的时间和质量，高质量的陪伴才是给孩子最好的成长礼物。

家长好好学习，孩子天天向上这是颠扑不破的真理。家庭教育好比植物的根苗，根苗茁壮才能枝繁叶茂、开花结果。在孩子成长的点滴过程中，舍得投入精力、学会乐于担当。家长的言传身教，比孩子的自我约束更有用。**每位家长内心一定要有一个坚定的信念：孩子成长，我之责任。**

老师教不到的地方都是家长的责任。你的孩子只是老师众多学生中的一个，教育你的孩子也只是老师工作的一部分而已。你却不一样，你是孩子世界里的唯一，教育好自己的孩子，永远是你最重要的事业。父母是孩子的终身老师，怀有对孩子一生的责任。无论你事业上有多么成功，也抵偿不了在教育孩子上失败所带来的后果。

亲爱的家长，别再缺席你孩子的教育了。孩子比你想象中成长得更快，有些东西再不教就来不及了。孩子的品德大于分数，感受大于道理，兴趣大于知识，状态大于能力。培养健康孩子，学做智慧父母，永远在路上，我想这就是"革命"成功的标志吧！人生路漫漫，唯有爱与成长不可辜负。

扫码听音频
锦囊四

幸福锦囊之四　　塑造品格　　赢得未来

《家庭教育促进法》第十六条明确规定：未成年人的父母……教育未成

年人爱党、爱国、爱人民、爱集体、爱社会主义，树立维护国家统一的观念，铸牢中华民族共同体意识，培养家国情怀……所以从小对孩子进行品德情操的培养犹如打地基，需要夯实夯实再夯实！

我曾应华师一附中邀请为家长们做过两次分享会，麻省理工学院面试官蒋佩蓉女士在《下一代的竞争力》这本书第十五章"做有品格的人"中说道："一个人有美丽的外表，不一定有知识，有知识不一定有素养，重要的是发展核心素养。"这与周鹏程校长倡导的华师一附中立德树人，培养学生身心健康、必备品格、关键能力的办学理念不谋而合。这种核心素养是能成全生命、能成就生命、能促进生命可持续深化的成长发展，如同华师一附中数年来硕果累累的那些有责任能担当、有判断会选择、有理解会反思的佼佼者。做一个幸福的普通人，追求幸福快乐的人生，培养核心素养塑造学生品格，无疑是获得快乐人生的幸福密码。

小朱同学很小就懂得一个好学生应具备以下品格：对祖国源于内心的爱，甘愿为祖国奉献一切的赤诚。顾炎武的"国家兴亡，匹夫有责"，周恩来的"为中华之崛起而读书"，邓小平的"我是中国人民的儿子"，这些铿锵有力、掷地有声的话语昭示着一个热爱祖国的人，才能为国家、为民族贡献才智，建功立业。

自尊、自爱、自信、自强不息的人生态度，无疑是品格的基础。从一个个励志故事中他懂得了贝多芬双耳全聋却扼住命运的咽喉，弹奏出了人生最强音；张海迪高位截瘫却用轮椅支撑起一片生活的蓝天，谱写出人生七彩华章。一个自强不息的人，才有可能创造人生的辉煌。

诚实、坚毅、进取、富有团队协作精神是品格的支柱。诺贝尔奖获得者总结自己人生之路，认为在幼儿园学到的"把自己的东西分一半给小伙伴；不是自己的东西不要拿；做错了事要表示歉意"。奠定了自己人生的基石。只有从小培养诚实、谦逊、团结、协作的品格，才有可能达到人生辉煌的顶点。

积极、热情、乐观、胜不骄、败不馁的气质品性更是品格的血肉。雷锋，把有限的生命投入到无限的为人民服务中去；徐虎，不怕苦和累，把为人民大众服务看作自己最大的幸福。这些平凡中见伟大的光辉形象，诠释着只有热爱生活、关心他人、乐于助人，才有可能尝到幸福的滋味。这些闪光的形象从小就深深印刻在小朱心里。

善思、肯钻、创新，具有挑战自我、勇于竞争的意识，恰恰是品格的筋骨。比尔·盖茨只用十几年的时间就超越了美国钢铁、石油家庭100多年积累的财富，扎克伯格、马斯克等后起之秀又把这个过程缩短到三四年时间。靠什么？就是靠知识创新，高新技术的产业化。在学习中养成善于思考、勤于钻研、勇于质疑的习惯，培养创造性品格特征，就具有了创新意识和创造能力。

如果用几个词来概括的话，那就是：家国情怀、勤奋进取、责任担当、诚信守则、科学精神、实践创新、健康生活。这种人文底蕴在华师一附中的人文沉淀和情怀中不断提升，走出校门的那一刻，孩子就拥有了受用一生、足以立足社会的4Q，即智商与情商、德商与逆商，以绝对优势在全球化竞争中脱颖而出，成为华师一的骄傲和荣光。

做父母不仅是一种缘分一种责任，更是一场心胸与智慧的远行与修行，孩子犹如一张圣洁的白纸，如何描绘、如何装饰多姿多彩、美轮美奂的图案是我们的功课。我是一个积极进取、健康向上的阳光男孩的妈妈，这是一个足以令我骄傲的称号！

我们也时时反思自己、提升自己、自我充电，传递给孩子积极正向的三观，提升自己的情感智慧，扩大自己的精神境界，在春风化雨中打造孩子成长的路径。

《家庭教育促进法》的实施，就是希望每个孩子都可以成为这样的人：拥有着"国家兴亡，匹夫有责"的爱国情操，"自强不息，艰苦奋斗"的昂扬锐气，"厚德载物，道济天下"的广阔胸襟，"富贵不能淫，贫贱不能移，威武不能屈"的浩然正气，用高尚的品格、奋斗的青春，在为时代为社会的奉献中，获得幸福和快乐，去赢得未来。

幸福锦囊之五　享受学习的十字方针

决定孩子成绩差距的从来不是智商，一个有智慧的家长能做的是要帮每一个孩子去找到自己生命的价值，学会去做自己喜欢的事情、过自己想要的生活。这样的话，我们的孩子才不会被冷冰的机器取代，也不会在社会的变革中被淘汰，因为他有自己独一无二的创造力。

小朱同学从小学到初高中直至进了北大，一路走来，一直有一种求知的快乐，沉浸在书海里的幸福。小朱是个早产儿，小时候我并没有觉得他和其他的孩子有什么不同，而他能在成长道路上掌握一些独特的学习方法，归根结底就是做到"十个字"。

第一，是"自律"。

能够自觉控制自己的行动和情绪，集中注意力去达成自己原本的目标，而不受其他事情的干扰的能力，就是自律。

自律的人永远分得清主次，对孩子来说，就是分得清什么是学习，什么是玩。让孩子养成这个自律的好习惯，家长一定要做表率。如手机的问题，孩子和手机合二为一，形影不离，有家长比较焦虑，为这事伤透了脑筋。曾经还发生过为手机的争夺酿成悲剧的无数案例，媒体曾报道有一位父亲，孩子非常迷恋手机，他实在是忍无可忍，抓起孩子的手机，就往20多层高的窗口扔下去，没想到孩子也飞出窗外，跟着手机一起消失。家长们，真的应当警醒了，这个爸爸自己并没有做好一个表率，他每天下了班就是葛优躺刷手机玩游戏，却要求孩子进步自律，简直不就是笑话吗！

央视曾曝光了一位清华学霸的计划表，瞬间上了热搜。他在作息时间表中写道：不是成功来得不够快，而是对自己不够狠。这个本科生，他的计划表里密密麻麻，写着他每天的学习进程。清华高手如云，但这个貌不惊人的小学霸，为什么能够脱颖而出？靠的真的不是过人的天分，而是简单的两个字：自律。

小朱同学小时候，养成了一个很好的习惯：记日记。我并没有要求他一定要写得非常完整，只告诉他把当天自己的心情、有意义的事情、路上看到的风景、感动的一些事情记下来。后来他开始记感恩日记，有一天，我记得他写的是：我感动的三件事儿。一、今天爸爸妈妈开车送我上学，出小区大门车接近闸口的时候，我就看到门口的保安叔叔向我敬礼；二、非常感谢外婆，虽然还生着病，但是依然给我做饭，好好吃；三、我非常感谢我的语文老师，今天在课堂上有个问题我没有理解清楚，于是就举手发问，老师耐心地向我解答。

养成写感恩日记的习惯，就是自律的一个好习惯。把自律落实到一点一滴的小习惯当中去，也没有那么难了，我称之为"微习惯"养成法，家长一定要做出表率。

人生并没有寒暑假，时间是不停地在往前走的。小朱同学现在在北大学习，无意当中和儿子聊起他的生活作息时，我十分惊叹，他每天都是五点半起床，基本上一天都没有什么空闲时间，他说甚至吃饭都觉得有点耽误时间。这让我想起了康德的一句话，他说："所谓的自由，不是随心所欲，而是自我主宰。"当一个人能够做到自律的时候，即使起点不高，即使会受到部分人的冷嘲热讽，但我认为全世界依旧会为你让路。正如那句古话：三分天注定，七分靠打拼。自律的人，才能掌控自己的人生。

第二，是"高效"。

有的孩子学习非常磨蹭，做作业心不在焉，时间耗得也多，效率低下，看着他坐在那里，却做了许多无用功。孩子年龄段不同，个性也不一样，能够集中注意力的时间长短肯定是不一样的，家长要从实际要求出发。小学一二年级的孩子，如果每次学习 30 分钟就太长了，可以逐渐延长，比方说过几天就延长 5 分钟，直到一节课的时间。孩子高效的时间观和时间管理的能力是需要我们家长去训练的，注重引导孩子，在该学的时候就好好地学，该玩儿的时候就好好玩儿。

小朱同学有定闹钟的好习惯，约定好几点到几点干什么，就按时间表的这个顺序来。一定不要让孩子一直在那儿做作业、搞学习，要让孩子学会适当的放松，否则很容易形成磨磨蹭蹭、不讲效率的毛病。要求孩子做一件事情的时候一定要专注、专心、专一，要像重视孩子的学习成绩一样重视孩子的学习状态和学习习惯。可以借鉴"清单法"，就是将孩子要完成的任务进行分解，并制作成任务清单，然后根据重要程度给任务排好序，先去完成那些迫在眉睫的任务。接着再一件一件完成其他任务。这样形成习惯之后，再面对学习任务时，就能驾轻就熟了。如何事半功倍、高效学习，也是智慧父母的必修课。

第三，是"计划"。

我们有意识地让小朱同学参与讨论一些计划安排，如周末的活动安排：上午看书一小时、和爸妈去健身器材运动半小时、做手工半小时，下午去逛公园写生，然后去看外婆……鼓励他发表不同意见，如意见合理则予以肯定并采纳，如不合适则帮他分析。这个过程会使他明白做事为什么要有计划，怎样合理地计划。我们经常提醒他做事前想一想先做什么，后做什么，怎样做最好，慢慢养成有计划性的好习惯。重点是家长要以身作则并注意持之以恒。

孩子的学习任务很重，但除了学习，还应该重视劳动、文娱活动、体育活动、游戏，甚至是社会交往，德智体美劳要全面发展。在给孩子订计划时，每天的时间安排、双休日的安排、寒暑假的安排……这些计划要简明，要求要一目了然，一清二楚。如周一到周五，除上课之外，还要把早自习、放学回家以后的时间都安排好。可给孩子注明早自习安排诵读、背诵，包括基础知识的记忆、预习等内容。需注意的是，应给孩子列出玩的时间，如让孩子看20分钟的动画片；列出劳动的时间、开展户外活动的时间、参加课外兴趣活动小组的时间等。内容一定要有张有弛，不能够把弦绷得太紧了。

第四，是"阅读"。

很多同学一写作文就发愁，想要作文写得好能够拿高分，阅读一定要跟上，否则不单影响语文，包括政治、历史、数学等理科学科也会受影响。喜欢阅读的学生，词汇量会更加丰富，拥有更好的解决问题的能力，情商也会更高。从心理学角度讲，人是用语言思维的，语言越清晰，思维也就越清晰，喜欢阅读的人在分析问题、陈述问题和学习知识的时候，往往比不喜欢阅读的人要快。

去年高考成绩出来，语文成了拉分王。得阅读者得天下，也不无道理。语文是一门综合性很强的学科，考的是积累、语感、阅读速度、鉴赏等；这绝不是靠一天两天突击可以完成的，需要一个长期积累的过程。阅读速度的提高也会成为语文高考一个重要的尺度，着重考量的是学生的理解能力。

推荐给大家"悦读法"：看到文字第一步阅读一遍，第二步在心中默读，第三步是朗读。比如现在孩子读课文老师都要求大声地朗读出来，朗读是有非常大的益处的。第四步是诵读。诵读是带自己的理解、自己的感情色彩在里面，对文字进行二度的分析、加工和创作，最终达到愉悦的阅读境界。在阅读这方面，我家每天坚持读书并做好亲子共读，注重言传身教的力量，让小朱同学知道读书是和吃饭睡觉一样重要的事情。我们深情并茂地给他读故事、角色扮演式给他讲童话、给他最大的时间空间去阅读，经常带他去图书馆、博物馆、展览馆和书店，家里有他的私人空间小书房，并常常举行家庭读书会、节日晚会等，极大地激发了孩子的阅读兴趣和遨游书海的幸福感。

除悦读外还要重视孩子口语表达能力的培养，别让孩子的表达能力影响到未来。口才、语言的表达对孩子的情商、自信、分析能力、表述能力、空间想象能力、与人沟通的即兴表达、随机应变等各方面的能力都有重要影响，都会让孩子在未来有无限的可能性。

第五，是"坚持"。

自律、高效、计划和阅读这八个字坚持到底就一定会获得成功，家长们可从自身做起。

现在清华北大的学霸，基本上是早上6点不到起床，这都是十几年如一日养成的习惯，从小学到大学、到博士都会坚持，靠毅力才能走向人生巅峰。任何逆袭都不是传奇，不会是一跃而上，而是一步一步踏踏实实走出来的。任何时候开始努力都不晚，因为努力过后才有捷径可言。成功的路上并不拥挤，因为大多数人是嘴上说着努力，最终是三天打鱼两天晒网，不能坚持。

真正坚持到底的人真的不是特别多，家长要带头给孩子做一个言传身教知行合一的好榜样，哪怕是做一件很小的事，持续地去坚持，是可以给孩子带来很大的动力的。如：从本周开始，和孩子约定好好锻炼身体，每天要走6000步，那就真的从今天开始每天都这么去做，并把结果反馈给孩子，也可以和孩子一起来做这个事，在坚持的过程中你也会收获很多意想不到的快乐；尝试和孩子约定一个星期内学习300个单词，妈妈也可以参与到孩子学习过程当中，和孩子互相比谁学得更快。如果你退缩了，孩子也会觉得背不到300个单词也无所谓，但如果你坚持了，孩子也同样会坚持下来。我们要学会把目标分解成一个个小目标，比方说一周300个单词分解到一天学习多少个。将整体的大目标进行缩小，比如约定好今天读10页，明天读5页，后天读8页，等等。每当我们完成这样的一个约定，我们的大脑就会发出积极的信号，会刺激你进一步去努力。

孩子希望和优秀的人在一起，小朱同学有一次跟我开玩笑，说成为高手的捷径，就是和优秀的人在一起。我非常认同这句话，家长贵在拥有积极健康的生命状态，勇于打破自己的舒适圈，让自己多一些改变、多一些坚持，那收获一定会超过你的预期。

如果家长真的能以身作则，做到自律，高效地控制自己的时间，还能做到有计划性，加上家庭有读书的氛围并且持之以恒，那么，孩子不优秀都不可能。想让孩子成为什么样，那父母要先成为什么样。

学会正确地爱孩子，而不是只给他提供物质上的满足，应该用智慧从精神上为孩子进行赋能。孩子也需要一个精神导师，可以是父亲、母亲、老师，或其他励志的名人，孩子需要一个精神领袖！没有父母的成长就没有孩子的成长，父母是孩子的榜样，父母如果充满智慧、拥有健全的人格修养，都会给孩子带来非常好的影响。

学习型的家庭当中，孩子和父母都是共同成长的，也能够互相影响，父母与孩子共同成长的过程是没有止境的，是不断学习、不断提升的过程。在陪伴孩子成长的过程中，真的需要好好地自我修炼、自我学习，要采取积极、正面的家庭教育，让孩子能够成为一个宽容的、乐观的、健康的、有理想的、非常阳光的人。

幸福锦囊之六　悦读习惯八字诀

扫码听音频
锦囊六

从小朱同学两个月时候起，我就开始给他读一些小诗、小故事，当时老公都在笑我，说我是对牛弹琴，他又听不懂，我却不这样以为。我怀孕时看了许多相关书籍，说孩子在很小的时候是会接收到信息并留存在记忆中的，所以我对他每天坚持大声朗读，一直到他上幼儿园大班后可以自主地去看书。回顾过去，这是最让我骄傲的一件事，也是事实证明非常有成效的一件事。

小朱同学进入北大以后，他的各种阅读习惯，包括对知识的学习能力，都受益于早期阅读。现在，儿童早期阅读习惯的养成已经成为很多家长的一个共识。

我认为读书有六重境界：默读、阅读、速读、朗读、诵读、悦读。养成愉悦读书的好习惯的过程，我把它比喻成存钱，往存折里面不断地存，孩子就在时间的推移中越来越丰富，孩子很小的时候一定别错过培养他阅读习惯的最佳机会。

感恩在和孩子共同阅读坚持了近二十年之后，我成为湖北省长江读书节的领读者、十佳讲书人、武汉市突出贡献领读人，在湖北省图书馆、省市各新华书店、武汉市总工会、妇联等地分享读书心得和幸福感悟；养成孩子"悦读"习惯，有8字秘诀送给家长们：**以身作则，知行合一**。

以身作则，给孩子树立一个良好的榜样，家长怎么做，孩子就会怎么模仿；知行合一，就是知道这个事情就一定要去做，知道的和做到的距离是最近和最远的距离。

我觉得对孩子而言，好习惯就是把简单的事情重复做、重复的事情用心做、用心的事情坚持做，这样孩子心里面就会产生一种理念，就是对待任何事情都很自律，会有很强的目标感，会有计划性，再加上坚持，阅读习惯就慢慢养成了。也不能操之过急，习惯养成是一个润物无声、静待花开的过程。

我在给孩子做阅读习惯养成方面，印象最深的就是他读幼儿园时，我们采取一种很有趣的方式来激起孩子的兴趣。我记得当时我和他爸每天给他讲故事，乐此不疲，一家三口分别扮演不同的角色，让孩子有一种代入感，无论是故事也好，童话也好，儿歌也罢，通过这种角色代入进行二度创作，过程很愉快，很是生动有趣。在这样的氛围中，让孩子接受一种无意而为之的训练，可以达到事半功倍的效果。

养成阅读习惯，给大家分享目标细化法。比如说今天把这首诗背会，这周背4首，或者这一个月把"弟子规"读熟等。细分目标会给孩子一个明确的目标感，他会很清晰今天该做什么，这一周该做什么。也可以和孩子来一个小小的约定，比如孩子今天一定要把这首诗背会，背不会的话今天就不睡觉了。这样下来孩子就不会去拖延，他也不会说这个事情要放到明天去做。使孩子养成做任何事情都是今日事今日毕的好习惯。

对孩子习惯的养成一定不能急躁，要渐进，欲速则不达。最好的方法就是对孩子把严格要求和循序渐进结合起来，根据孩子的具体情况逐步加大难度。还可以进行积分法，一个月的满分是100分，孩子给爸爸打分，爸爸给孩子打分。我们家就是用了这样的一个表格式的方法，在孩子的阅读基础上进行积分，根据积分多少奖励一些他喜欢的零食、需要的一些书籍、寒暑假的旅行等。

父母应该成为孩子的榜样。培养孩子的习惯很重要的一点就是我们父母的态度。如果我们把阅读作为生活乐趣的一部分，孩子自然而然就会非常喜欢看书。如果我们觉得津津有味地看书很有趣，兴趣盎然，孩子也会觉得读书非常有趣。作为父母一定要做好孩子的榜样，你不这样做的话，孩子会说你们都不看书，凭什么让我看？

要给孩子选择合适的阅读篇目。根据不同年龄段的孩子选择合适的图书。幼儿园小班时选择图画类的绘本多一些，内容丰富，图案也比较大而清晰，中班的孩子就要选一些故事性比较强的读物，到大班以后就要提升一些难度，主要选一些科学知识为主导的儿童文学等，让孩子能够感受到语言的魅力，丰富孩子的词汇。

专门给孩子开辟一个阅读角。小朱同学从小就知道家里有一个他专门读书的小书房，至少要有一个书架。这里的书籍都是我们和孩子一起去书店挑选的，他可以选自己喜欢的书。还有很多书我们是在图书馆借的。其实，借的书和买的书还真不一样，借的书他会觉得更珍惜，小朱也说好像借的书，他看得更快一些。所以我更愿意借的多一些，我也建议家长多带孩子去图书馆借书。

一起制订阅读计划。让孩子养成能够按照计划进行阅读的好习惯。计划都是循序渐进的过程，我们在阅读的过程中，要引导孩子学会带着问题去读。在之前要抽一点时间，先熟悉一下孩子要看的书，包括我们提的一些问题都要提前写在纸上，让孩子带着问题去阅读，仔细阅读，然后回答问题，这样就会更有针对性。

绘声绘色复述一遍。每当读完一篇文章或故事，小朱养成了复述一遍的好习惯，爸爸妈妈是观众，由他来讲他来说他来演。我觉得复述的过程，对于孩子的概括能力、表达能力，还有记忆力，非常有好处。将复述法推荐给家长们，如果孩子很小，在读幼儿园，可以让孩子把他读过的童话故事讲给我们听，这个比读很多本书的效果都更好。在这样一个过程中，孩子他觉得会更有趣，比如说在一个童话故事中去扮演不同的角色，有声有色地把故事通过加工呈现出来，就好像打造了另外一个作品。这样孩子会很有成就感，而且他复述的过程就是一个语言的积累过程。

阅读之后再理解。要多问孩子几个为什么，比如说这个主人公是谁，他做了什么？这样做行吗？由浅入深引导孩子，加强他对内容的理解。我们还可以从其他方面引导孩子，孩子一般都会有自己的观点和思想，我们可以让孩子去提问，看他会提出什么样的问题，然后进行思考。他自己的一些问题，如果这个书里面没有他需要的答案，他就要去自己寻找答案，慢慢地自然就会养成独立思考的习惯。

对孩子进行经常性的鼓励，对他的某种行为表现出积极的正能量予以肯定。孩子非常需要大人的关注和注意，家长要多去赞扬孩子，表扬他鼓励他，包括他的这种阅读行为。孩子是很棒的，通过我们的肢体语言去亲亲他，抱抱他，拍拍他。通过点点滴滴这种爱的流露，让他体会到父母对他的情感和鼓励，能够坚定他对阅读的这种兴趣。

俗话说，读万卷书，行万里路。我们不单单共读书，还在暑假、其他节假日里带着孩子走进大自然。让孩子们先做功课，提前查阅一些资料，担任某个地方的导游。我记得小朱同学刚一岁的时候，我们全家就带着他去上海苏杭等地。读小学后不论去国内还是国外旅游，出发前他都自己做攻略，得到很好的锻炼，学会了给我们安排行程，包括他自己要做什么，都会有细致的计划、详尽的清单。

优质悦读习惯的养成就是八个字：以身作则，知行合一。每天抽出一些时间和孩子进行亲子共读，不单单是孩子在阅读的过程中感受到世界的无穷大，也要让我们家长通过和孩子一起阅读来修行自我。**教育最核心的事情是点燃一个孩子的内驱力**，就是这个人自己愿意成长，自己愿意学习，自己充满了好奇心，自己有自信，能够安排自己的生活，这才是我们家庭教育所有需要赋予孩子最重要的生命力的源头。

让阅读成为一种生活方式，形成习惯，每一天都成为读书日。在知识爆炸的网络时代，阅读让我们不断探寻真知、变成自己更应该成为的样子。好读书、读好书、善读书，读书学习不仅关系到一个人的成长和成才，也关系到一个国家、一个民族的发展和进步。

幸福锦囊之七　有规矩有方圆

扫码听音频
锦囊七

"没有规矩，不成方圆"是人们比较熟悉的一句话，出自《孟子·离娄上》："不以规矩，不能成方圆。"原意是说如果没有规和矩，就无法制作出方形和圆形的物品，后来引申为行为举止的标准和规则。这句话旨在教育人们，做人要遵纪守法，有规矩(什么样)、懂规矩(为什么)、守规矩(怎么做)。

创造了联想神话的柳传志有许多传奇故事，其中有一则是关于他严于律己、迟到罚站的。联想集团建立了每周一次的办公例会制度，有一段时间，一些参会的领导由于多种原因经常迟到，大多数人因为等一两个人而浪费了宝贵的时间。柳传志决定，补充一条会议纪律，迟到者要在门口罚站5分钟，以示警告。纪律颁布后，迟到现象大有好转，被罚站的人很少。有一次，柳传志自己因特殊情况迟到了，柳传志走进会场后，大家都等着柳传志将如何解释和面对。柳传志先是一个劲地道歉解释原因，同时自觉地在大门口罚站5分钟。

规矩和爱二者不可缺一，不能以爱的名义亵渎规矩的神圣，要把感性的爱上升到理性。管教孩子是我们的责任，3岁看大等揭示了早期教育的重要性，立规矩在两岁前越早越好。每个人都是一个社会人，在更小时养成很好的生活和行为习惯，就不必到6岁时对规矩的标准进行改变。若前后规矩标准不同，幼儿会产生认知的冲突：原来这样做可以，但某天开始，爸爸妈妈却又不允许了。多给孩子选择的空间，植入规则并坚决遵守；学会冷处理，切忌发火和暴力；饭桌上的规则，坐下来吃；不吃零食；做得好坏分别给予奖励和惩罚。规矩是对孩子行为习惯的约束和约定，但千万别对孩子说：你再这样不听话，妈妈就不要你啦！你再哭就把你丢在这里！你看看人家小朋友多乖就你淘气，妈妈不喜欢你啦！孩子表面的安静其实是恐惧。

以收拾玩具为例，家长以游戏的方式告诉孩子，玩具在拿出来玩耍之后，也需要"回家"休息，让孩子帮玩具"回家"。家长和孩子也可玩玩"过家家"，在游戏中让孩子演练一些行为。游戏中，孩子也可以扮演家长，家长扮演孩子，需要注意的是，在对孩子习惯的培养上，要坚持正面引导，告诉孩子正确的做法是什么。

给孩子立规矩要表示出尊重，对他探索世界的好奇心和这个年龄爱玩爱闹的特点予以理解，但要告诉孩子应该尊重他人感受和劳动成果、约定俗成的礼仪等。

"爱孩子"和"立规矩"从来不是单选题：管得太少和管得太严的父母在我们身边都不少见。一般溺爱孩子的父母认为，孩子面临的压力已经很大了，趁着现在还小，给孩子一个快乐的童年，放纵孩子一下也不会对他造成什么影响。而太严格的父母则认为，没有规矩，不成方圆。现在不从生活细节上管教孩子，以后怎么让孩子在社会上立足？这两种观点听起来都有些道理，但问题就出在这些父母处理矛盾的方式不是综合考量，而是在"爱孩子"与"立规矩"之间做起了单选题。这种非此即彼的选择，必然会给孩子的成长造成负面影响。过度爱孩子的家庭造成孩子没规矩，不懂礼貌不懂尊重；后者则让孩子谨小慎微、循规蹈矩。家长有必要认识到：规矩和爱本来就是统一的。有规矩的自由叫做活泼，没有规矩的自由叫做放肆。不放肆叫做规矩，不活泼叫做呆板。听起来很拗口，但理解起来却不难，比如牧牛场，周围用铁栅栏起来，牛在栅里吃草喝水，东奔西跑，这叫做活泼，放牛人不好干涉它；如果跳出栅外，就是放肆，就不得不干涉。不出栅，这就是规矩；如果在栅里，却不准它吃草喝水，或是东奔西跑，如此就是呆板了。

同样的道理，如果我们给孩子的爱，造成了孩子的自私与懒惰，让孩子缺乏最基本的能力与教养，那这种爱就是贻害无穷的。如果我们给孩子立的规矩，造成了家的淡漠和冰冷，让孩子的天性受到了压抑和扼杀，那么这种规矩就是毫无意义的。毕竟家的本质是内心的归宿，需要的是真诚的关怀和亲近，需要的是人情味儿和同理心。

对孩子立规矩，父母这三点原则不能忽视：

第一，有些事，不能惯。有家长说："家里有规矩，但孩子耍赖也没辙啊！"这是很多家庭的通病：孩子不听你的原则，常常以哭闹、不吃饭来要挟父母。这很大程度上是由于父母一而再，再而三地降低底线。比如和孩子约定好每天只玩半个小时 iPad，但孩子一哭闹，大人就妥协了，于是又多玩了半个小时。被惯坏的孩子有一个特点，就是他们的要求总是被满足。第一次出现问题，大人就妥协，只会为自己和孩子的将来找来更多麻烦。

第二，有的事，必须孩子自己做。有的家长认为孩子还小，做事磨蹭，可以先帮孩子包办了，以后再培养也来得及。其实在孩子每个年龄段，都有他们自己力所能及的事情。家长可以根据孩子的特点，告诉孩子什么事情是他自己要做的。爱从来不是大包大揽，教会孩子解决问题的方法，而不是帮他解决问题，这才是真正的爱。让孩子多做一些力所能及的事情，时间久了，他才会在成长中学会自立自强。

第三，有些责任，必须孩子自己担。经典绘本《我永远爱你》中就有这样的对话：阿力："如果我把枕头弄得羽毛满天飞，你还爱我吗？"妈妈："我永远爱你，不过，你们得把羽毛收拾起来。"阿力："如果我把画画的颜料洒在妹妹身上，你还爱我吗？"妈妈："我永远爱你，不过，你得负责给妹妹洗澡。"这个故事中的妈妈做得特别好，她不厌其烦地保证"我永远爱你"，同时又不忘强调：孩子，你要对自己的行为负责，你要尽可能想办法恢复或弥补你的所作所为带来的后果。父母不能帮孩子逃避，而应该要求孩子为自己的错误言行承担后果，让孩子有面对错误的诚实和勇气。

下面这四条规矩必须从小养成：

规矩一：粗野、粗俗的行为不能有。小朱同学幼儿园时看到有孩子喜欢采用暴力的手段，强制别人服从自己的意志，用语言对他人进行攻击、胁迫，来实现自己的愿望。为了帮助孩子明辨是非，我明确地告诉小朱："以后不能像他这样做，这是粗野的行为，是要挨批评的！"这样的规矩能帮助孩子调整自己的情绪，学会如何对待自己想要的东西，如何处理自己的情绪等。在这个过程中，孩子会不断地调整对事物的看法和自己的心态。等他长大后，他也会用这套模式去对待周围的人，变得更加理性、为他人着想。

规矩二：别人的东西不可以随便拿。有的孩子往往很难分清自己和他人，更不懂得分辨什么东西是自己的，什么东西是别人的。所以只要是自己喜欢的东西，他就会毫不犹豫地伸手去拿，觉得"拿到我手上就是我的了"！我们应有意识地帮助他建立自己与他人的界限。可以用游戏的方法帮助孩子更好地区分"你的""我的"，知道不是自己的东西就是别人的，别人的东西不能拿，而"我的"东西一定归我支配的规矩。这种概念的区分，是最基本的道德和心态的基础，长大后才会懂得尊重他人。

规矩三：不可以随意打扰别人。孩子遇到好的事情，比如受到老师表扬了、交到一位新朋友等，总会很兴奋地告诉我们，我们这时候要注意把握不是"孩子第一"的原则，不允许孩子在任何时候打断别人，而应该在忙完手上的事情后再高兴地回应孩子，否则容易让孩子养成不顾一切打扰别人的习惯，长大以后可能会以自我为中心，很难在集体中生活。要在平时生活中有意识地帮孩子改正，告诉他："随便打扰别人是很不礼貌的，你想想，如果你在睡觉，小朋友老是过来跟你说话，你会高兴吗?"用心平气和的引导让孩子学会换位思考，让他知道被别人打扰是很不开心的事情，然后再给他立下规矩。这样的规矩能让孩子学会尊重他人，让他懂得当别人在忙的时候不应该去打扰他，而且孩子在这个过程中学会了换位思考，也会变得更加善解人意，这样更容易交到更多好朋友！

规矩四：做错事要道歉，并且有权要求他人道歉。家长们疼爱孩子，总觉得"孩子还小"，处处让着他，就算孩子犯错不道歉爸爸妈妈也会一心软就原谅他了。这样会让孩子觉得"做错事也没什么大不了的，反正爸爸妈妈都会原谅我"。孩子没有了约束，难免会为所欲为，犯更多更严重的错误。

建立规则不难，但家长坚守底线很难。当孩子哭闹撒泼时，家长一定要坚持原则。秘诀就是和孩子事先约定好并形成清单，张贴在家里醒目位置，约定好有关奖惩的具体条目，孩子就会遵循，并始终坚持这个原则，养成自己良好的行为习惯，培养出契约精神。

幸福锦囊之八　父母执著而坚定的自我教育

时光飞逝，满满收获的是和小朱一起经历、一起陪伴、一起成长的每一个瞬间的温暖感动！我的幸福就是与孩子的幸福同行——我慢慢地、慢慢地了解到，所谓父母子女一场，只不过是意味着，你和他的缘分就是今生今世不断地在目送他的背影渐行渐远——

网络上广为流传着这样一段话："我钦佩一种父母，她们在孩子年幼时给予强烈的亲密，又在孩子长大后学会得体的退出，照顾和分离，都是父母在孩子身上必须完成的任务；亲子关系不是一种恒久的占有，而是生命中一场深厚的缘分，我们既不能使孩子感到童年贫瘠，又不能让孩子觉得成年窒息。做父母，是一场心胸和智慧的远行。不仅仅是做父母，人生的许多时刻都应该懂得进退。"

作为父母，我们带给孩子最有价值的礼物就是慷慨无私的关爱！了解孩子、尊重孩子，润物细无声地进行激励教育、扬长教育、成功教育，从而激发孩子无尽的信心与勇气！时时反思自己、提升自己、自我充电，做一个能量爸妈！

有的父母结束了读书生涯，成家立业后就以为"功德圆满"，便放弃了自我探索和成长，遵循的是"最安逸原则"，看上去悠然自在，轻松洒脱，生活稳定，令人羡慕，但事实是有很多人生议题并没完成，好多遗憾却等着孩子去弥补！曾听到家长感慨：我才理解"孩子是天使"这话，如不是养育他遇到困难，我不会去探索、深刻反思自己的成长历程和思维模式。

我们的生命在走向开阔，这就是孩子带来的改变。有的家长抗拒成长，就会把成长的任务转嫁到孩子身上；有的家长不能接纳自己，对自己不满意，就格外需要一个令人满意的孩子。如不能处理好亲子关系，心中就会有一个"理想小孩"的形象，希望孩子主动符合我们的期待，这就是当下缘何有那么多焦虑的家长了。究其原因，是对孩子、对教育，缺乏一个持久而深入的理解，看到孩子不如意的地方，就开始忧虑孩子若干年后的高考、婚姻及事业。这种忧虑毁掉了孩子的未来，他们对孩子的教育，缺乏一个宏观的掌控，该做什么、不该做什么、做得够不够好，心里没底，对孩子未来的发展走向，不确信、慌张、焦虑、迷茫。

父母应当与孩子共同成长，望子成龙、望女成凤是家长们孜孜以求的梦想，在孩子的教育上倾尽心血：找名校、进辅导班、上特长班、陪读等。即便如此，实际效果却不甚理想，有的孩子学得了"特长"却丢掉了品格，获得了"知识"却失去了学习的兴趣，走向了自己意愿的反面。子女教育的失败让诸多父母们痛惜不已。"孟母三迁"的故事是家庭教育的经典，孟母是我们家长的典范！而孩子们从心底渴望的是"望父成龙、望母成凤"啊！一桩桩一件件鲜活的家庭教育引发的悲剧案例不值得我们深思么！

和小朱同学共同成长的每一步都是美好而幸福的回忆！不论是在本职岗位上的兢兢业业，还是挂职汉阳的激情燃烧，不论是在爱岗敬业的春夏秋冬，还是在无私奉献的寒来暑往，我知道唯有自己的学习成长才是最好的妈妈的形象。特别是应邀在新父母在线分享心得、传播理念、传递幸福，帮助和滋养到无数家庭收获满满的幸福感价值感。

曾以为培养孩子就是付出，现在发现培养孩子也是一种收获；曾以为是我们抚养孩子长大，现在明白是孩子让我们再次成长；曾以为教育就是能量的输出，现在领悟到教育其实是能量的交换。其实孩子们都是希望因父母而傲娇的啊！

真正的教育，永远是相互的，教育孩子的过程，也是不断发现自己的过程。教育、发现、感悟、成长，是人生的必修课！育人先育己，学会和孩子一起成长，不断地学习，不断充实自己，不断地修正自己，这是对孩子最好的潜移默化、最好的言传身教。教育的真谛不是教育孩子，而是自我教育，也很感谢孩子，他们是来成就我们的，是为了提升我们而来的！

都说不要让孩子输在起跑线上，我眼里人生最好的起跑线是父母和睦的关系！作为父母请多多反思：是否时刻把孩子的尊严与心理健康放在心上，教育不单是学校、社会的事，家庭是孩子的第一所学校，父母是孩子的第一任老师！婴孩时期不仅是喂饱孩子，给孩子的每个眼神、每一句话、每一个拥抱都在传递："你很重要、我们爱你！世界很安全，我一直在你身边。"孩子会信任这个世界，对未来充满希望！拒绝心理健康的垃圾食品，给孩子尽可能多的积极记忆，对孩子的脸色、说的话、管教的方式、传递的眼神等都会成为孩子的记忆，成为孩子心理健康的食粮！

最好的家教就是夫妻恩爱，爸爸对孩子最好的爱，就是好好疼爱孩子妈妈，妈妈对孩子最好的爱，就是欣赏推崇孩子爸爸。尊重是最深层次的爱！父母双方对另一方的排除和否定必将造成孩子心理上的分裂。

好的家庭教育应该从父母的自我教育开始，正如有一句话所说：**三流的父母做保姆，二流的父母做陪伴，一流的父母做榜样**。如果父母足够优秀，成为孩子精神上的榜样和倾慕的偶像，对孩子的正面影响将是巨大的。父母的远见，决定了孩子未来的格局。

实践证明，教育孩子的王道，是家长执着地栽培自己，是家长坚定的自我教育！最理想的状态——孩子懂的，我们懂；孩子不懂的，我们也懂，至少，我们与孩子有交集。这个漫长的求索过程，既是为自己，也是为孩子。孩子的起点，是父母的肩膀！非常感恩小朱同学让我不断地成长、进步，遇见了更好的自己。我们学着做高能量的自己，努力学习着成为孩子思想的引领者、行为的示范者、品格的完善者、灵魂的塑造者、知识的传播者、美好的指导者、心理的治愈者，温和而坚定地成为孩子期待中父母该有的样子，成为孩子眼中和心中的龙凤，成就孩子美好人生！

幸福锦囊之九　学会说话和闭嘴

扫码听音频
锦囊九

研究表明：暴力语言可能成为最平常的杀人武器。它来自"这么简单都不会，你是猪脑子吗？""你不嫌丢人，我还嫌丢人呢！"诸如此类似乎还很熟悉的训斥。在中国家庭中，家长与孩子对话的结果常常是"噎死孩子、憋死孩子、急死孩子、吓死孩子"。**大量儿童心理问题就源于父母不恰当**

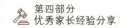
的语言表达以及因此而生的误解与矛盾。在持续的"语言软暴力"环境中，这些心理问题有可能被延续、固化甚至激化。

真正的好父母，嘴上都有一条拉链。他们深知，不经意的一句话，就可能影响孩子一生。心理学家罗森塔尔亦曾警告过我们："孩子终将活成我们嘴里描述的样子。"家长最大的功课之一，就是学会跟孩子好好说话，多说积极正面的话。越是鼓励重视孩子，孩子才能表现得越优秀。我们嘴里的人生，就是孩子的人生。

很多父母鼓励孩子，常说"你真聪明""你太棒了""你要加油"……事实上，这种鼓励无益有害。孩子只会单纯地认为"我就是很棒的"，可是棒在哪里？不知道。被这样夸着长大的孩子，容易输不起，甚至不敢努力。所以，夸聪明不如夸努力，夸笼统不如夸具体：

1. "尽管很难，妈妈很开心的是你一直没有放弃。"

2. "你坐在这一上午都在完成这幅作品，你真的很专注。"

3. "数学考试成绩提高这么多，妈看到你认真备考做复习计划了。"

《共情的力量》一书提到：当被共情时，孩子的神经化学物质会有所改变，平静会取代压力激素，负面情绪才能慢慢消散，平复心情。这样的孩子情绪管理能力更强，长大后情商也更高。日常生活中，家长不妨多跟孩子说下面这些共情的话：

1. "心爱的玩具不见了，你很生气吧。"

2. "小兔子死了，你很伤心，妈妈能理解。抱抱你好吗？"

3. "妈妈小时候也嫉妒过穿得漂亮的同学。"

有的孩子学习特别自觉、省心，而有的就怎样催逼成绩都不见起色，心理学研究表明，孩子生来其实都有内在的自驱力。父母要做的，是通过有效的支持，去唤醒孩子的自驱力。要多对孩子说下面这些话：

1. "你倒数第一行第九个字写得真好看啊！是偷偷练习过的吗？"

2. "虽然你计算速度慢了一点，但正确率很高呢，给妈妈传授下经验！"

3. "这次考了 60 分，说明你还有很大进步空间，相信你下次能进一大步!"

我们的孩子,生活在一个充满不确定性的时代。变化不断,挑战不止。要学会培养孩子的逆商,多帮孩子看到自己的闪光点和优势,建构起克服困难的能力和信心。我们常常这样对小朱说:

"果果你真了不起,你和你爸爸一样聪明!"

"你和你爸爸一样讲义气啊!"

"你和你妈妈一样很善良啊!"

"果果你和妈妈一样有爱心帮助别人!"

"你和你爸爸一样做事情认真负责啊!"

不是称赞孩子,而是透过称赞"像爸爸""像妈妈"的方式,令孩子朝着好的信息方向与爸爸妈妈链接,心中归属感的渴望得到满足!

这个世界按照自己的方向流动,每粒种子按照原本的样子成长,每个孩子生来就是圆满具足,带着对生命无比的信任和祝福,轻轻地对孩子说滋养心性的语言!

多给孩子爱的滋养语言,可以这样说:

1. "儿子,不管发生什么,爸爸妈妈都会和你在一起,我们永远爱你!"

2. "你是独一无二的,走你的路,做你自己!"

3. "或许你是对的,妈妈只是建议,选择权和决定权在你。"

4. "相信你能处理好自己的事情,我们会和你一起面对。"

5. "你无论做得怎么样,表现如何,你都是我最亲爱的孩子,我爱你。"

每个孩子都需要不断的鼓励才能获得自信、勇气和上进心,就像植物必须每天浇水才能生存一样。清代教育家颜元说过:"数子十过,不如奖子一长。"请多多鼓励孩子吧,针对孩子不同方面的成长,多说甜蜜的话,孩子一定会更好的!

不能对孩子说的话,比如:

1. "你怎么这么不听话啊!"

2."快点呀，磨蹭什么，赶紧的!"

3."你要是不好好写作业就不买你要的玩具啦!"

4."真是没用的东西，真是太笨了，没见过你这样的!"

5."住嘴!你怎么这么不听话啊!"

6."爸爸妈妈不要你了，你随便怎样吧!"

7."看你这样也不会有啥出息了，长大收破烂去吧!"

8."唉，当初没把你生出来就好了!"

9."你根本不是读书的料好不好!"

10."你要是能考上 985 大学，那太阳从西边出来了!"

父母们请嘴下留情，你的一句句无心之语就像一把把锋利的尖刀在剐着孩子的心啊!请你们不要再使用你自己都可能没有觉察到的语言暴力去伤害孩子!

我的幸福语录:

1."儿子!你将会成为了不起的人!"

2."别怕，你肯定能行!只要今天比昨天强就好!"

3."你付出了努力，肯定会有回报的。"

4."孩子，你一点也不笨!告诉自己:'我能做到。'"

5."我很欣赏你在××方面的才能。"

6."凡事都要有个计划，学习也一样。你多花 10 分钟预习功课，上课就变得轻松多了。"

7."你刚才做功课的样子很认真，希望你继续保持。"

8."做完作业再玩，不是玩得更开心吗?"

9."考得好不好，不重要，重要的是你努力了，就会有进步。"

10."无论什么时候都不要说谎。"

一家媒体针对"孩子最反感父母哪一行为"进行了一次调查，结果显示"唠叨"排行第一。作为父母要学会多说积极的、阳光的、鼓励的、向上向善的话，带给孩子稳稳的幸福，但更重要的是还要学会"闭嘴"。父母稍有不顺心就不停地说教，翻来覆去，便成了唠叨。而父母的唠叨总是指责的多，批评的多，抱怨的多，有时甚至讽刺挖苦。没完没了的唠叨，只会让孩子离自己越来越远。家长要时时提醒自己，注意控制自己的情绪，正确把握孩子的心理状态，学会尊重孩子，对孩子进行适当的提醒，不要大事小事都喋喋不休。无论孩子跟你说什么，学会不评判地倾听，并心平气和地以孩子能够接受的方式和孩子说话。

亲爱的家长，别再缺席你孩子的教育了。孩子比你想象中成长得更快，有些东西再不教就来不及了，这就是教育的有效期；人生路漫漫，唯有爱与成长不可辜负。

扫码听音频
锦囊十

幸福锦囊之十　懂你——爱的放飞

记得小朱同学就读华师一附中时，每周三晚上都是我最开心的时刻，一碗碗爱心汤见证着华师一附中三年夜晚灯火通明的校园，看着他的背影多少次润湿了眼眶！十八年前对小朱同学是好好陪伴，十八年后更多的是目送他的背影渐行渐远！孩子总归要离开我们，走上社会，用自己的头脑和双手创造自己的人生。在他年幼时提供舒适的生活，极致的呵护，但不可能陪他一辈子，他要独自面对这世界，自己解难题，自己担风雨，自己拼职场。我想我们真的爱他，就在他离开之前，教会他和世界相处的能力，这是我们对他的最大帮助和保护！

每个困境背后，都隐藏着人生的礼物。教育的方法和技巧只是孩子成才的冰山一角。孩子的教育，拼的是功底，拼的是父母的处世态度和人生感悟。

给孩子最大的财富：幸福力！孩子是一颗有灵魂的种子，他在努力长成自己的样子！我们能做的就是尽力给予孩子最适当的环境、条件，远远地看着他们用自己的方式长大。我相信，做父母的都希望孩子的人生幸福、快乐、充盈，可随着孩子一天天长大，养着养着就事与愿违，长着长着就迷失了方向。养育孩子真的不能以自己有限的人生经验做盲目判断。

莫言说"好父母都是学出来的"，父母需要认真倾听、体会孩子心底的渴望。财富力、健康力、情感力、学习力，最后交织而成才是幸福力！

咱们的终极使命，是从孩子很小的时候开始培养适应社会的孩子。为孩子提供与外界接触的机会，鼓励孩子参加社会活动。孩子不仅是家庭的成员，也是社会一员，他们长大后要与其他社会成员一起和谐地生活、工作。孩子从小多接触社会，多参加集体活动，鼓励他们和从事不同职业的人沟通、合作。合作活动对培养孩子们互助互爱的情感、自制力很有效。孩子在社会上活得开心、顺畅、如鱼得水、游刃有余，才是作为父母的最大成功和最高荣誉。每个孩子都要长成独当一面的大人，只愿在他人生中最需要引导的那段时光里，做父母的我们始终秉持着烛光，用自己的行动为他引路，和孩子一起智慧享受诗意和远方……

◎作者简介：

夏燕，全国青少年口才培训测评专家，湖北省图书馆长江读书节领读者，十佳讲书人，"相约乡读"专家组成员，湖北省素质教育研究会顾问委员会专家，家庭教育专家，湖北省朗诵艺术家协会副秘书长，湖北省中华诗词学会会员，湖北省演讲协会会员，武汉市作家协会会员，武汉市全民阅读促进会职工专委会副主任，武汉市总工会职工读书会副秘书长，华中师范大学北京研究院(华大新父母教育研究院)首席专家、课程中心主任，汉阳造文创学院文创大使，武汉市职工读书突出贡献领读人，荣获"武汉市杰出女性"荣誉称号。

后　记

20世纪90年代初我读中师时，班主任的一句话至今回荡在脑海中："教育不是捏泥巴孩，捏坏了毁掉重新再捏。"这句话一直刻在我的脑海里，后来无论教我的学生还是我的儿子，我都会想起这句话，不敢马虎大意，因为怕出错。有些错可以改，但有些错可能改不了。这就是教育的不可逆性。

作为老师，误人子弟最为严重。因为只要一"误"，可能就是孩子的一辈子。同样，作为家长和父母，也有可能"误"了自家孩子。因为父母是孩子的第一任老师，也是终身老师，家庭是孩子的第一个学校，也是学做人的终身学校。

我们研究发现，很多家长只重视孩子的教育，也就是大家都熟知的"鸡娃"，而不重视自身作为家长素质提升的教育。但是，如果不懂家庭教育，不学习科学的育儿理念和方法，就有可能把自己的孩子成长方向带偏，导致各种问题的出现。最后，不仅没有把自己的孩子教好，反而害了孩子。

在研究中，我们也发现越来越多的家长开始走向理性，不再盲从，想学习提升自己的育儿能力，但身边并没有这样的父母能力提升的学校。市场上充斥着各种育儿的书籍，鱼龙混杂，良莠不齐。因此，家长和父母想学习，但没有权威的学习场所和学习教材。

究竟怎样才能做一个合格的父母？怎样才能胜任家庭教育？说实话，我们并没有这样一个标准！令人欣慰的是，在全国人大代表周洪宇等有识之士的推动下，家庭教育立法被提上重要日程。全国人大行动很快，2021年10月23日，通过《中华人民共和国家庭教育促进法》。2022年1月1日，这部法律正式颁布实施。

可以说，这部法律标志着中国家庭教育进入一个"有法可依"的时代，中国家庭的育儿也由自己的"私事"变成了"国事"。这是千万家庭的福音，也是千万父母的福音。怎样做父母有了法律意义上的标准。这部法律更多的篇幅不是从法律角度惩罚父母和家长，而是从家庭教育的角度告知父母和家长怎么去做一个合格的父母和家长。

因此，编写一本《〈中华人民共和国家庭教育促进法〉家长手册》，帮助家长和父母学习法律，掌握科学的育儿理念和方法，这是当务之急。我们华大新父母教育研究院的专家怀着高度的社会责任感，迅速行动，牺牲虎年春节的休息时间，加班加点完成了这部书稿。

在此，特别感谢全国人大代表、华中师范大学周洪宇教授。当我向他报告要编写一本家长手册时，周洪宇教授表示非常有意义，大力支持，并把他的两篇重要文章发给了我。他还对书稿编撰提出了很多修改意见，并在百忙之中为本书作序。

在此，特别感谢华大新父母教育研究院院长郑晓边教授。他春节前刚刚做了一个胆结石手术，出院后在手术恢复期中参与编写书稿，并提出了很多有益的见解。这种精神令人敬佩，值得学习。因为家庭教育关系千家万户，关系到下一代的培养，怠慢不得，疏忽不得。

在此，特别感谢团队中的其他成员，大家心往一处想，劲往一处使，克服种种困难，高标准、高质量完成书稿的相关章节，让全书的可读性和指导性更强。

在此，特别感谢武汉大学出版社的郭静编辑。她第一时间联系我们，反复沟通，多次研讨，商量书稿，修改打磨，就是为确保本书的质量。

222

时间紧，任务重，书稿编写较为匆忙，加之水平有限，不足之处在所难免，敬请各位批评指正，以便再版时修改。

编者

2022 年 2 月 22 日